中国现代财税金融体制建设丛书

吴晓求 庄毓敏 主编

# 现代宏观审慎政策框架建设

马勇 著

中国人民大学出版社
·北京·

# 总 序

## 中国式现代化的经济基础与财政金融的作用[*]

吴晓求

党的十九届五中全会提出要"建立现代财税金融体制",党的二十大报告对中国式现代化的内涵进行了全面而深刻的阐述,凸显了建立现代财税金融体制的重要性。现代财税金融体制建设包含宏微观金融体制建设和财税体制建设。其中,宏微观金融体制建设主要涉及现代中央银行制度、现代货币政策体系、现代宏观审慎政策及监管框架、现代商业银行制度、现代保险制度、现代资本市场、现代公司金融制度以及现代信用风险管理等内容,财税体制建设主要涉及现代预算制度、现代税收制度以及政府间财政关系等内容。中国人民大学财政金融学院组织专家学者对上述问题展开深入研究,形成了"中国现代财税金融体制建设丛书",以期为中国式现代化建设贡献智慧。谨以此文作为这一丛书的总序。

中国式现代化内涵丰富,下面重点从经济和财政金融的角度,对中国式现代化的经济基础和财政金融的作用做一些粗浅的分析。

## 一、如何理解中国式现代化

党的二十大报告对中国式现代化做了准确而全面的概括:中国式

---

[*] 此文曾发表在 2022 年第 4 期的《应用经济学评论》上,作为本丛书总序,作者对其做了一些增减和修改。

现代化是人口规模巨大的现代化，是全体人民共同富裕的现代化，是物质文明和精神文明相协调的现代化，是人与自然和谐共生的现代化，是走和平发展道路的现代化。同时党的二十大报告强调指出，中国式现代化是中国共产党领导的社会主义现代化，这既体现了国际社会公认的现代化的基本内涵，又体现了中国特色。这同我们所走的中国特色社会主义市场经济发展道路一样：既体现了市场经济的一般原则，具有现代市场经济的基本内涵，又是人类社会探索市场经济发展道路的一种新形式。我们不是模仿、照抄以美国为代表的西方发达国家所走过的市场经济发展道路，而是根据中国国情进行创造性探索。中国式现代化同中国特色社会主义市场经济一样，既体现了国际社会的共识和人类社会的文明成果，又走了一条中国式的发展道路。实践表明，把普遍原理与中国国情相结合，是我们成功的法宝。

中国式现代化体现了中华民族的智慧——勤于学习、善于改造、敢于创新，同时又充分吸收了人类文明的优秀成果。人类文明的优秀成果是我们理论创新的起点。创新不是空穴来风，不是海市蜃楼，而是要以人类对已有文明成果的积累和丰富的实践为基础。中国式现代化这一概念就是基于这样的思考而提出的。

中国式现代化，首先有国际社会一般认知的现代化内涵。国际社会所认知的现代化有多重指标。在这多重指标中有一个核心指标，那就是现代化国家首先应是一个发达国家，是发达国家当然也就是高收入国家。所以，成为高收入国家、发达国家是实现中国式现代化的前提条件。我们要实现中国式现代化，首先就要进入高收入国家行列并成为发达国家。

世界银行、国际货币基金组织等权威国际机构对高收入国家、发达国家都有自己的定义。例如，2021年世界银行公布的高收入国家的经济指标门槛是人均国民总收入（GNI）12 695美元，国际货币基金组织公布的发达国家的经济指标门槛是人均国内生产总值（GDP）2万美元。2021年中国GDP为114.92万亿元人民币，按照当时的汇率计算，中国人均 GDP 已达 12 551 美元。2021 年中国人均 GNI 为 11 890 美元，中国居上中等收入国家行列。

国际上现有的发达国家均首先跨越了人均 GDP 这一经济指标的门槛。除此之外，要成为发达国家，还必须达到生态环境、人均预期寿命、教育水平、法制基础、贫富差距、社会公平、创新能力和国际影响力等方面的一系列社会指标标准。所以，中国式现代化的实现过程也就是经济社会全面发展的过程，而不是单一指标的突进。

过去，我们赖以生存的环境包括土壤、空气和水资源都受到了不同程度的污染。改善环境，走绿色发展之路是我们未来面临的艰巨任务。中国人均预期寿命现在处在世界先进行列。自新中国成立以来，我们在这方面取得了举世瞩目的成就。在新中国成立之前，中国人均预期寿命很短，不到 40 岁。那个年代战争频发、经济发展水平低、粮食供应不足、医疗卫生体系落后，人均预期寿命短。2021 年，中国人均预期寿命为 78.2 岁，女性比男性略高。在人均预期寿命这一指标上，中国进入了发达国家行列。虽然人均预期寿命较高，但中国的医疗资源相对短缺，医疗卫生体系相对脆弱。我们要大力改善医疗卫生体系，提升人们的健康水平，让所有人都能得到应有的医疗保障。

我国一直在努力提高教育水平，改善教育条件，但我国的教育状况与中国式现代化的要求还有较大差距。让适龄儿童和青少年接受良好的教育仍然是我国教育面临的最大任务之一。我们要着力改善基础教育，进一步完善义务教育制度，这是实现现代化的重要举措。我们要对农村偏远地区的基础教育加大投入，让每个适龄儿童和少年都能上得起学。

法制建设要进一步改善。自党的十八大以来，中国法制建设取得了长足进步。我国颁布了《中华人民共和国民法典》，这是中国法制建设的重要标志，为保护财产权、保障市场主体的平等地位提供了坚实的法律保障。自党的十八大以来，中国的反腐败行动取得了历史性进步，清洁了社会环境，积极培育和践行社会主义核心价值观。但中国的法制观念、法治化水平与中国式现代化的标准还有较大差距。一些地方乱作为、胡作为的现象时有发生，一些和法律精神相抵触、相背离的政策仍然存在。中国式现代化一定是法制建设的现代化，是法治国家的现代化。

中国式现代化还必须有极强的创新能力。没有创新能力，经济社会就会停滞，经济增长和社会发展就会缺乏源源不断的动力。创新是一个国家现代化的重要保障。世界上有些国家曾经接近、达到甚至超过发达国家的起点标准，但是由于创新能力不足，腐败严重，加上政策严重失误，因而停留在或退回到中等收入国家行列，学术界把这种现象称为"中等收入陷阱"。历史上，在迈向现代化国家的过程中，有些国家要么迈不过去，落入"中等收入陷阱"，要么短期跨越了"中等收入陷阱"，一度成为高收入国家，但在较短时间内又退回到中等收入国家行列。我们要总结这些国家的教训，避免走弯路、进"陷阱"，防止出现它们的失误和曲折。

从历史经验看，创新机制和创新能力对一个国家迈向发达国家极为重要。这里的创新指的是多方面的创新。首先是技术创新。中国要建成现代化国家，经济结构转型和基于技术进步的产业迭代是基本路径。我们不能停留在低端产业，也不可能通过资源型企业把中国带入现代化。我们必须进行技术创新，推动产业升级换代，提升经济竞争力。中国经济的竞争力在于技术进步和高科技产业发展。

除了技术创新外，观念创新、制度创新、模式创新、组织创新都非常重要。我们面对的是越来越不确定的未来，高科技企业的商业模式、组织模式需要创新。试图用传统产业的模式去发展高科技产业，那肯定是行不通的。不少人只意识到了技术创新的重要性，没有意识到观念创新、制度创新、模式创新、组织创新的重要性。实际上，这些创新都是中国式现代化创新的重要内涵。

中国是一个人口规模巨大的国家，其现代化一定会改变全球格局，对全球产生巨大而深远的影响。我们所追求的现代化是中国式的，有鲜明的中国特征。党的二十大报告把中国式现代化的特征概括为五点，这五点中最引起人们关注的是全体人民共同富裕的现代化。

共同富裕是中国特色社会主义的本质要求，体现了中国共产党人的初心使命。从中国共产党成立那天起到1949年中华人民共和国成立，再到1978年改革开放，再到党的二十大，在每个时期，实现全体人民共同富裕都是我们的目标，这个目标从来没有动摇过。1955年，毛泽东同志指出，富是共同的富，强是共同的强。1990年，邓小平同志指出，共同致富，我们从改革一开始就讲，将来总有一天要成为中心课题。共同富裕一开始就在邓小平同志改革开放的战略设计中。习近平总书记指出，共同富裕是中国特色社会主义的根本原则，所以必须使发展成果更多更公平惠及全体人民，朝着共同富裕方向稳步前进。

让中国人民富起来，实现共同富裕，是中国共产党人的初心使命的重要体现，对于这个目标，中国共产党人从来没有动摇过。今天我们所要实现的中国式现代化，一定是全体人民共同富裕的现代化，我们一直都在朝着这个目标努力。

## 二、中国式现代化的经济基础

要实现中国式现代化，首先必须成为高收入国家，成为发达国家，所以保持经济的可持续增长就成了当前乃至未来相当长时期内的重要任务。只有保持经济的可持续增长，财富才能源源不断地被创造出来，中国式现代化才可能实现。

这里有一个基本判断：什么样的体制和政策能使经济处在可持续增长中？我认为，中国特色社会主义市场经济体制是中国经济可持续增长最重要的体制基础，继续深化改革、不断推进高水平开放是中国经济可持续增长最重要的政策取向。中国特色社会主义市场经济是现代市场经济的一种业态、一种新的探索形式，体现了市场经济的一般原理。

市场经济是建立在分工和交易的基础上的。分工是市场经济存在的前提，没有分工就没有市场，没有市场就没有公允的价格，也就没有公平的交易。没有分工、没有市场、没有交易，那就是自然经济。自然经济不可能让人类社会富裕起来，只有基于分工和交易的市场经济，才能大幅度提高劳动生产率，才能源源不断地创造出新的财富。只要我们继续坚持中国特色社会主义市场经济体制，就能够把财富源源不断地创造出来，因为它是基于分工的，市场是自由的，价格是公允的，交易是公平的，市场主体的地位是平等的。

改革开放前的中国是一个贫穷落后的国家，大多数人处在贫困状态。改革开放后，我们选择了一条市场经济道路，人民开始富裕起来了。我们所走的市场经济道路，不是自由市场经济道路，而是中国特色社会主义市场经济发展道路。改革开放后，我们要迅速摆脱贫困，让老百姓能够吃饱饭，但是按自然演进的市场经济模式难以快速实现这一目标。后发国家有后发优势，可以学习、借鉴发达国家的经验，实现经济的跨越式发展。一段时间以来，我们重视引进外资，重视引进国际先进技术，重视学习和借鉴国际先进经验，在此基础上探索自己的发展道路。

要实现跨越式发展，除了必须尊重分工、自由的市场、公允的价格、公平的交易和市场主体的平等地位外，一个很重要的机制就是要发挥并优化政府的作用。改革开放40多年来，各级政府在中国经济社会发展中起着特别重要的作用，这是中国经济发展模式的重要特征。举例来说，中国的地方政府在经济发展和现代化建设中起到了重要的作用，地方政府大力招商引资，高度重视经济建设。又如，各类工业园区、技术开发区的设立也是中国特色。存量改革阻力很大，要对老工业城市和老工业基地进行市场化的存量改革非常困难。地方政府根据中央的精神，制定自己的发展战略，建立各种工业园区、技术开发区，引进资本和新技术，以增量活力引导存量改革。再如，中央政府的"五年规划"以及经济特区、区域经济发展战略对中国经济发展发挥了顶层设计和引领的作用。上述特征都是中国特色社会主义市场经济体制的重要体现。

在中国式现代化的实现过程中,我们必须进一步推进市场化改革、推动高水平开放。市场化改革和中国特色社会主义市场经济模式在方向上是完全一致的。只有不断深化市场化改革,才能不断完善中国特色社会主义市场经济模式。

我们制定了"双循环"发展战略,这是基于中国国情和中国实际情况以及全球形势变化而做出的战略转型。"双循环"发展战略强调以内循环为主,内循环和外循环协调发展,但这绝不是否认外部需求对中国经济发展的重要作用。实际上,推动高水平开放在今天仍然至关重要。习近平总书记指出,改革开放是中国共产党的一次伟大觉醒,不仅深刻改变了中国,也深刻影响了世界。今天中国虽然已经发展起来了,资本充盈甚至有些过剩,但对外开放仍然是很重要的,要高度重视外资和外国先进技术的引进,重视外部市场的拓展。

2001年12月,中国加入WTO,这是中国经济在近现代第一次全面融入国际经济体系。这种对外部世界的开放和融合,使中国经济发生了根本性变化。中国的实践表明,对外开放对中国式现代化的实现具有巨大而深远的影响。

要实现中国式现代化,必须实现全体人民的共同富裕。共同富裕一直是我们追求的目标,从未动摇。在我的理解中,实现共同富裕要处理好三个关系。

首先,要保护并优化财富创造机制。要让社会财富不断地丰盈起来,就必须共同奋斗,不存在"等靠要"式的"躺平"。"等靠要"与共同富裕毫无关系。共同富裕一定是每个人都很努力,共同创造可以分配的增量财富。没有增量财富,存量财富很快就会枯竭。每个人都要努力地创造增量财富,不能只盯着存量财富。中国还不是高收入国家,只是刚刚全面建成小康社会的上中等收入国家。要让人民越来越富裕、社会财富越来越多，高效率的财富创造机制是关键。

其次，要进一步改革收入分配制度。收入分配制度改革的基本着力点是适度提高劳动者报酬，在再分配环节更加注重公平。我们要让低收入阶层、贫困家庭过上正常的生活，通过转移支付、救济等方式保障他们的基本生活。要实现基本公共服务均等化。转移支付、困难补助、救济等都是再分配的重要内容。党的二十大报告专门强调要规范收入分配秩序，意义深远。

最后，要形成有效的财富积累机制。有效的财富积累机制是下一轮经济增长和财富创造的重要前提。没有财富的积累，就难以推动下一轮经济增长。党的二十大报告提出要规范财富积累机制，这蕴含了深刻的含义。

财富积累除了另类投资外，主要有四种方式：

一是将现期收入减去现期消费之后的剩余收入，以居民储蓄存款的形式存入银行。这是大多数中国人财富积累的主要方式。

二是投资风险性金融资产，比如股票、债券、基金等。投资这种风险性金融资产是现代社会财富积累的重要方式，是未来财富积累的主流业态。

三是创业。创业的风险比前两种财富积累方式要大得多，存在巨大的不确定性。创业不成功，投资就会失败。创业一旦成功，财富就会按几何级数增长。在这里，收益与风险是相互匹配的。政策应鼓励人们去创业、创造，这是财富增长最坚实的基础。

四是投资房地产。2004年以后，中国房地产业发展速度惊人，房价飞涨。在10年左右的时间里，一线城市的房价涨了20倍以上。投资房地产在一个时期成了人们财富积累的重要方式。

如何理解规范财富积累机制？

我认为，第一，要完善法制，让人们的财产权和存量财富得到有效保护。第二，必须关注财富积累方式的调整。畸形的房地产化的财富积累方式，给中国经济和金融体系带来了潜在的巨大风险和危机。

中国居民的资产有百分之六七十都在房地产上,这是不正常的。规范财富积累机制是金融结构性改革的重点。过度投资房地产的财富积累方式,应是规范的重点。

## 三、财政金融在中国式现代化中的作用

在中国式现代化的建设进程中,财政金融的作用十分关键。

### (一)财政的作用

中国式现代化不仅要求经济可持续增长,还要求增长成果更好地惠及全体人民、实现共同富裕。财政政策在这两个方面均可以发挥积极的作用。首先,财政政策是推动经济可持续增长的重要手段。我们知道,经济可持续增长要求有良好的基础设施,包括交通等经济基础设施和教育医疗等社会基础设施。就经济基础设施而言,我国交通等传统基础设施已经实现了跨越式发展,而大数据中心、人工智能、工业互联网等新型基础设施还较为薄弱,需要各级政府加大财政投资力度,尽快建设能够提供数字转型、智能升级、融合创新等服务的新型基础设施体系。教育医疗等社会基础设施在很大程度上决定了一个国家的人力资本水平,构成了经济可持续增长的重要动力源泉,也决定了增长的成果能否更好地惠及全体人民。在这方面,我国的缺口还比较大,与人民的期许还有较大的距离,因此需要各级政府加大对教育医疗等领域的财政投入力度。

技术创新同样离不开财政政策的支持。技术创新充满了不确定性和风险,但也存在很大的正外部性,完全依靠市场和企业往往是不足的。这就需要政府利用财政补贴和税收优惠等措施来为企业分担风险,以激励企业更好地进行技术创新,推动技术进步。

其次,财政政策是促使增长成果更好地惠及全体人民、实现共同

富裕的重要手段。共同富裕不仅需要解决绝对贫困问题，也需要缩小收入分配差距。自党的十八大以来，我国高度重视绝对贫困问题，实施了精准扶贫战略，消除了绝对贫困，取得了彪炳史册的巨大成就。今后，在中国式现代化的实现过程中，还需要加大财政政策支持力度，切实防止规模性返贫。

缩小收入分配差距，实现收入分配公平，需要在保障低收入者基本生活的基础上增加低收入者的收入，扩大中等收入群体，并调节过高收入。保障低收入者基本生活的重点在于完善社会保障体系，充分发挥社会保障体系的兜底作用，在这方面既要尽力而为，又要量力而行。增加低收入者的收入、扩大中等收入群体的重点在于坚持多劳多得，鼓励勤劳致富，促进机会公平，完善按要素分配政策制度，探索多种渠道增加中低收入群众要素收入，多渠道增加城乡居民财产性收入。调节过高收入的核心在于完善个人所得税政策，充分发挥个人所得税的收入调节作用，但也需避免对高收入者工作努力和投资努力等的过度抑制。

最后，实现共同富裕还需要着力解决好城乡差距较大和区域发展不平衡等突出问题，这同样离不开财政政策。就中国的实际情况来看，解决好城乡差距问题的核心在于乡村振兴。我国的农村基础设施和农业技术创新还比较薄弱，这是乡村振兴面临的瓶颈，需要加大财政投入力度，着力加以破解。区域发展不平衡的原因有很多，而基本公共服务不均衡无疑是其中重要的一个。这就要求完善政府间转移支付制度，加大均衡性转移支付，促进财政横向均等化。

中国式现代化需要国家治理体系和治理能力现代化为之"保驾护航"。党的十八届三中全会明确提出，财政是国家治理的基础和重要支柱。由此来看，财政的现代化是中国式现代化的一个基础性和支柱性要素。我认为，要实现财政的现代化，需要着力推进以下三个方面的改革：

（1）财政政策的现代化。首先，需要进一步处理好政府与市场的关系，明确市场经济条件下政府的职能定位以及政府干预的合理边界，使市场在资源配置中起决定性作用，同时更好发挥政府作用。其次，需要进一步统筹好发展与安全，要充分发挥财政政策在促进经济社会发展中的积极作用，也要着力确保财政可持续性，防范化解财政风险，尤其是地方政府债务风险。最后，需要进一步完善财政政策体系和治理机制，促进中长期战略规划和短期相机抉择政策，以及总量治理（需求侧）和结构治理（供给侧）的有效协同，提升财政政策的治理效能。

（2）政府间财政关系的现代化。中国式现代化的实现需要中央与地方各级政府的共同努力，现代化的政府间财政关系对于有效调动中央与地方两个积极性是至关重要的。而且，科学合理的政府间财政关系也是规范各级政府行为、构建良好的政府与市场关系的前提与基础。这需要进一步深化改革，构建起目标兼容、激励相容的现代财政体制。其中的关键是要确定科学、合理、清晰的财政事权与支出责任划分、财政收入划分以及财政转移支付制度，形成一个财政收支责任更为匹配，有利于兼顾中央与地方利益、确保分权制度效率和控制道德风险的制度安排，最终实现权责清晰、财力协调和区域均衡的目标。

（3）财政制度的现代化。党的十九大报告强调要加快建立现代财政制度。预算制度的现代化是现代财政制度的重要构成，是推进中国式现代化的重要保障。这其中的重点是进一步推进预算制度的科学规范、公开透明和民主监督。税收制度的现代化也是现代财政制度的重要构成，需要进一步深化改革，且改革的重点应放在公平税制、优化税种结构、健全相关法律法规、完善征管体系上。

### （二）金融的作用

我们知道，中国式现代化首先是要确保经济的可持续增长，使增量财富源源不断地被创造出来，这就意味着经济增长要有可持续性。

要实现中国经济的可持续增长，就必须推动经济结构转型，促进科技进步，实现产业升级乃至产业迭代。基于科技进步的产业迭代是未来中国实现现代化的先导力量，寄希望于借助传统产业和资源型企业让中国实现现代化，那是不可能的。

我们必须着力推动科技创新、技术进步、产业升级和产业迭代。但是，从新技术到新产业的转化充满了不确定性或风险。一方面，新技术、新产业没有既成的足够的需求，没有确定的市场；另一方面，它们又会受到传统产业的打压和阻挠，所以新技术变成新产业的过程充满了不确定性。这种不确定性超出了单个资本的风险承受边界，更超出了创业者的风险承受边界。社会需要一种机制来分散从新技术向新产业转化过程中的巨大风险。

分散风险必须进行有效的资源配置，这就需要进行金融创新。没有金融创新，从新技术向新产业转化的速度就会减缓，效率也低。回望 20 世纪 80 年代，美国和日本的产业竞争力差不多，后来美国之所以大幅度超越日本，就是因为金融创新起到了重要推动作用。硅谷的成功既是科技和产业结合的典范，也是金融创新的硕果。没有金融创新，就不太可能有硅谷。大家只看到高科技、新产业，没有看到金融创新在其中所起的孵化和促进作用，它发挥着分散风险的功能。如果我们只停留在传统金融占主导的金融模式中，实现中国式现代化将会遇到很多困难。

在中国，金融必须承担起推动科技创新、技术进步、产业升级和产业迭代的任务。所以，金融创新呼之欲出、应运而生。无论是基于脱媒力量的金融变革，还是基于科技进步的金融创新，目的都是拓展资本业态、金融业态的多样性。金融创新的结果是金融的结构性变革和金融功能的全方位提升，实现金融功能由单一走向多元。金融功能的多元化和金融业态的多样性，是现代金融的基本特征。

金融要服务于实体经济，很重要的是要服务于代表未来发展方向的实体经济。金融的使命不是复制历史，而是创造未来。如果金融只是保护传统、复制历史，这种金融就是落后的金融。如果金融关注的是未来，金融业态的多样性就会助力产业的升级换代。一个现代化国家经济的竞争力，在于科技的力量、金融的力量，而不在于其他。

资本业态的多样性是金融业态多样性最富有生命力的表现。从天使投资、风险投资／私募股权投资（VC/PE）到各种功能多元的私募基金和多种新资本业态的蓬勃发展，都是金融创新的重要表现。

金融服务于实体经济，不仅要满足实体经济对融资的需求，还要满足社会多样化的财富管理需求。随着居民收入水平的提高，社会对财富管理的需求日益多样，需要有与其风险偏好相适应的资产类型。越来越多的人倾向于通过市场化的资产组合进行财富管理，以获得超过无风险收益率的风险收益率。所以，金融体系必须创造具有成长性的风险资产，风险资产的背后是风险收益。满足居民日益多样化的财富管理需求，也是金融服务于实体经济的重要内容。

中国式现代化有一个基本元素，就是金融的现代化。如果金融是传统的，那么说中国实现了现代化，恐怕就要打折扣。所以，中国式现代化当然包括中国金融的现代化。金融的现代化一定包括金融功能的多元化。融资、财富管理、便捷支付、激励机制、信息引导等都是金融的功能，金融体系必须充分发挥这些功能。

金融的现代化意味着金融普惠程度的提高。一个缺乏普惠性的金融很难说是现代化的金融。如果金融只为富人、大企业服务，忽略小微企业的融资需求，忽略中低收入阶层的财富管理需求，这种金融仍然不是现代化的金融。

要实现中国金融的现代化，我们必须着力推进以下三个方面的改革：

（1）进一步深入推进市场化改革。市场化改革最重要的是完成金融结构的转型，其中金融功能结构的变革最为重要。我不太关注金融机构体系，而十分关注金融的功能结构。商业银行的传统业务是存、贷、汇，现代商业银行也有其新的功能，如财富管理。处在靠传统利差生存阶段的商业银行是没有竞争力的，市场估值很低。为什么我们的上市银行盈利很高，在资本市场上估值却很低？这是因为它们功能单一，创新不足。这表明，中国商业银行的创新和转型极为重要。市场化改革最大的任务就是要实现金融功能的多元化。

（2）大幅度提高科技水平。没有科技水平的提高，中国金融的发展就只能走老路，只能步发达国家后尘。我们仅靠脱媒和市场化机制去改革金融体系是不够的，还必须通过技术的力量去推动中国金融的变革和发展。我们要高度重视科技对中国金融的作用，因为科技可以从根本上改变信用甄别机制。金融的基石是信用，防范金融风险的前提是信用甄别。在今天的实践中，传统的信用甄别手段识别不了新的风险，因此，通过技术创新提升信用甄别能力变得非常重要。互联网金融网贷平台从本质上说有其存在的价值，但为什么在中国几乎全军覆没？这是因为它们没有解决相应的信用甄别问题，试图用传统的信用甄别方式去观测线上风险，那肯定是没有出路的。

（3）开放和国际化。封闭的金融肯定不是现代化的金融。现代化的金融一定是开放的金融、国际化的金融。所以，中国金融的开放和国际化是未来最重要的改革方向。这其中有两个基本支点：

第一，人民币的自由化和国际化。人民币可自由交易的改革是必须迈过去的坎，是人民币国际化的起点。在世界前十大经济体中，只有中国没有完成本币的自由化。

第二，中国资本市场的对外开放。在中国资本市场上，2022年境外投资者的占比只有约4.5%，而在美国这一占比一般约为18.5%，在东京、伦敦则超过30%。当前的中国金融市场实际上只是一个半封闭、半开放的市场。中国金融未来改革的重点就是开放和国际化，这是中国金融现代化的核心内容。唯有这样的金融，才能有效推动中国式现代化的实现。

# 前　言

近年来，在国内外经济金融形势复杂交错、新老风险问题交织叠加的背景下，金融风险的防范与管理变得越来越重要。从国家金融管理的角度，如何把微观和局部的风险控制在萌芽状态，牢牢守住不发生系统性风险的底线是维护金融长期可持续发展的基本前提。为此，党的二十大报告也再次强调，要加强和完善现代金融监管，强化金融稳定保障体系，依法将各类金融活动全部纳入监管，守住不发生系统性风险底线，持续强化金融风险防控能力。

事实上，从更宽广的现实背景和理论基础来看，过去半个世纪的金融危机史表明，随着金融市场的日渐发达和复杂化，金融失衡不仅周期性地发生，而且与宏观经济的失衡彼此强化，这种强化使得经济和金融长期持续、显著地偏离长期标准。在金融体系顺周期性的负面效应日渐明显的情况下，为确保宏观经济和金融体系的稳定，在传统微观审慎的基础上全面建立和完善宏观审慎已成为大势所趋。强调宏观审慎的理念认为，仅凭微观层面的努力难以实现金融体系的整体稳定，政策当局需要从经济活动、金融市场以及金融机构行为之间相互关联的角度，从整体上评估金融体系的风险，在此基础上健全金融体系的制度设计并做出相应的政策反应。

本书沿着宏观审慎政策的结构性框架,对宏观审慎的现实基础、理论基础、调控工具和调控机制等核心问题进行了全面论述,并在此基础上扩展至宏观审慎的信息基础(早期预警系统)、政策协调和方法论反思等相关议题。本书的主要目标是建立一个用于理解宏观审慎理论基础和实践路径的基本框架,并对其中的基础事实、基础理论和关键要点进行概要式的梳理、总结和提炼。从篇章结构上看,全书共含6章,各章的主要内容如下:

第一章从基本事实、基本理论和框架体系等"底层基础"出发,系统阐述了宏观审慎政策的现实基础、理论基础和框架体系。从现实基础来看,周期性爆发的金融危机表明,传统的货币政策和微观审慎监管均无法确保系统层面的金融稳定,实现金融稳定需要专门设计具有针对性的工具,这要求政策理念从传统的微观审慎向宏观审慎转变。强调宏观审慎的政策理念认为,仅凭微观层面的努力难以实现金融体系的整体稳定,政策当局需要从经济活动、金融市场以及金融机构行为之间相互关联的角度,从长周期和系统整体视角评估金融风险,并在此基础上做出相应的政策设计。一个健全的宏观审慎政策框架需要更加有效地监测和控制系统性风险,同时减轻经济和金融周期的"溢出效应"。为此,宏观审慎政策框架的核心是通过建立一整套的制度机制,从事前、事中和事后全程实现对系统性风险的有效管理。

第二章对宏观审慎政策的目标体系与"工具箱"进行了系统阐述。宏观审慎政策的最终目标可以概括为:通过有效监测、识别和管理系统性风险,维护金融体系的整体稳定,同时降低金融危机等意外事件所可能导致的时间、经济和社会成本。在此基础上,宏观审慎还需要建立包括中间(操作)目标和监测指标在内的一整套"目标体系"。在宏观审慎政策的工具体系方面,与系统性风险的成因相对应,宏观审慎政策工具的设计主要从时间和空间两个基本维度展开，前者旨在控制或降低金融体系的"过度顺周期性"，而后者旨在控制或降低某一时点上金融机构的相互关联性和共同风险暴露。此外，根据系统性风险管理的事前、事中和事后三个阶段，宏观审慎政策工具还可以对应分为监测预警类政策工具、应对管理类政策工具和处置救助类政策工具。本章最后对中国的宏观审慎政策目标与工具进行了简要介绍。

第三章从调控规则、传导机制和调控机理这三个主要的方面，对宏观审慎政策的调控机理进行系统解析。从理论上看，宏观审慎政策应该采取规则和相机抉择"动态平衡"的方式予以实施，即采取类似于以规则为基础的相机抉择调控模式的方式，这样既能确保对基本金融规律的尊重（避免政策随意性），同时又能保持一定的政策灵活性（避免政策僵化）。在传导机制方面，宏观审慎政策的调控效果并非"立竿见影"，因而需要建立一套"工具—操作目标—中间目标—最终目标"的传导机制，来确保政策目标的逐步实现。通常情况下，不同类型的宏观审慎政策工具，其传导机制也存在一定差异，本章以资本类、资产类和流动性类宏观审慎政策工具为例，分别进行了示例性介绍。本章最后还分析了中国目前一些主要宏观审慎政策的调控机理，包括宏观审慎评估体系（MPA）、贷款价值比率（LTV）、全口径跨境融资宏观审慎管理以及其他一些辅助性的政策工具。

第四章旨在对宏观审慎决策和实施的信息基础即早期预警体系的构建进行讨论。本章首先对宏观审慎政策的早期预警方法和早期预警指标体系进行了概要性介绍，然后提出了中国构建宏观审慎政策早期预警体系的一些初步建议。宏观审慎政策的核心是控制系统性风险，而要控制系统性风险，首先需要一定的方法和指标来识别和衡量系统性风险。在实践中，为监测系统性风险，应设计一整套适合本国国情的宏观审慎指标，重点关注每一个指标相对其合理水平的偏离程度。

在操作时机的选择上,由于涉及时间维度的问题通常十分复杂,简单的时点预测几乎没有任何实际意义,因此可考虑从寻找"明斯基时刻"走向寻找"明斯基区域",即通过建立一个政策启动的"时间窗口"区域(而不是时点),增强可操作性。在此基础上,政策的实施环节可包括以下步骤:一是建立相关指标体系,对系统性风险的累积情况进行持续监测;二是综合运用定量和定性手段,对系统性风险或潜在的金融脆弱性进行评估;三是当预警信号发出后,及时采取行动对金融体系的失衡情况进行纠正。

第五章从货币政策与宏观审慎政策之间的区别与联系出发,系统阐述了宏观审慎政策对货币政策的补充和完善作用,并在此基础上明确了中国实施"双支柱"调控的现实基础、实践经验和未来完善方向。本章的研究结果表明,随着金融和宏观经济之间关系的日益深化和复杂化,金融稳定对宏观经济的稳定具有重要影响,但旨在维护价格稳定的传统货币政策无法同时有效实现金融稳定,根据"丁伯根法则"和政策比较优势原理,在货币政策的基础上纳入宏观审慎政策,形成"双支柱"的调控框架,并分别致力于价格稳定和金融稳定的目标,既符合客观现实的调控需要,同时也具有理论和实践上的合理性和可行性。从目前全球范围内主要国家的"双支柱"调控实践来看,要进一步形成稳定可靠的政策规则和成熟的操作框架,未来还需重点解决"政策目标、政策工具、政策协调"三个核心问题。

第六章基于宏观经济和金融运行的内在规律与逻辑,对宏观审慎的动态方法论及其理论基础进行了进一步反思。与宏观经济学的前两次转向不同,宏观审慎概念的提出,绝不仅仅是在原有的政策工具箱里增加几个新的工具,而是涉及整个宏观经济学理论体系和政策框架的系统重建。这种重建很有可能主导未来几十年的经济理论研究和政策思维。其中,动态方法论中的一个关键转变在于需要纳入对经济金融活动和政策行为的动态考虑。宏观审慎政策必须关注动态性的核心论据在于，经济和金融系统的各种关键性参数会在动态过程中发生结构性变化，考虑这些结构性变化是防止失衡在同一个方向上过度积累的必要前提，同时也是在经济和金融体系彻底失去弹性和自我修复能力之前及时发现问题的关键。一种健全的宏观审慎理念必须关注经济动态机制中的市场结构、市场过程和市场条件。宏观审慎的动态方法论本质只能通过经济和金融系统的动态变化而被理解。

本成果受到中国人民大学2021年度"中央高校建设世界一流大学（学科）和特色发展引导专项资金"支持。

# 目　录

| 第一章 |

## 宏观审慎政策的产生背景

一、宏观审慎政策的现实基础 / 1

二、宏观审慎政策的理论基础 / 8

三、宏观审慎政策的框架体系 / 18

| 第二章 |

## 宏观审慎政策的目标与工具

一、宏观审慎政策的目标体系 / 25

二、宏观审慎政策的工具体系 / 35

三、中国的宏观审慎政策目标与工具 / 55

| 第三章 |

## 宏观审慎政策的调控机理

一、宏观审慎政策的调控规则 / 60

二、宏观审慎政策的传导机制 / 72

三、中国宏观审慎政策的调控机理 / 89

| 第四章 |

## 宏观审慎政策的早期预警体系

一、宏观审慎政策的早期预警方法 / 101

二、宏观审慎政策的早期预警指标体系 / 121

三、中国的宏观审慎政策早期预警体系构建 / 138

| 第五章 |

## 宏观审慎政策与货币政策的协调配合

一、宏观审慎政策与货币政策的区别与关联 / 146

二、宏观审慎政策与货币政策的协调配合方式 / 158

三、中国的"双支柱"调控框架与未来发展 / 163

| 第六章 |

## 宏观审慎政策的动态方法论反思

一、宏观审慎政策与价格动态 / 171

二、宏观审慎政策与市场过程 / 177

三、宏观审慎政策调整与人的行为调整之间的动态关系 / 182

四、宏观审慎政策的动态方法论基础 / 188

**参考文献** / 198

# 第一章
# 宏观审慎政策的产生背景

## 一、宏观审慎政策的现实基础

### (一)周期性的金融失衡成为影响宏观稳定的主要来源

在2008年金融危机之前的30多年里,全球范围内的经济金融发展有四组现象特别引人注目:一是通货膨胀水平及其波动性出现普遍下降;二是实体经济增长迅速,同时波动性下降;三是资产价格、信贷和投资的"繁荣—萧条"周期日益强化,周期性的金融危机频繁发生;四是全球的贸易失衡不断加剧。上述四组现象并存,成为20世纪70年代以来全球经济发展的一个显著特征。在以上四组现象中,前两组的结果是令人愉悦的,它一度使全球经济进入了所谓的"大缓和"(Great Moderation)时代;而后两组的结果则是令人沮丧的,从拉美到东亚,再到美国,它一次又一次将看似欣欣向荣的"经济奇迹"拖入危机的深渊。

如果不是2008年全球金融危机的爆发,我们也许会寻找足够多的理由来支持上述四组现象中的不平衡结构,因为对于很多经济学家而言,相对于全面的通货膨胀,资产价格泡沫似乎是可以容忍的;而相对于经济增长的停滞，贸易的失衡似乎也不那么紧迫，完全可以延期解决。然而，信贷扩张和资产价格泡沫带来的问题远远比想象中的要严重，它不仅仅是全球经济发展中的"白玉微瑕"，而是极具破坏性和具有自我强化能力的危机促成机制，而全球贸易的失衡无疑加重了这一问题，并将危机的链条延伸至全球一体化经济的各个角落。

事实上，20世纪70年代之后，随着金融市场的日渐发达和复杂化，金融失衡不仅周期性地发生，而且与宏观经济的失衡彼此强化。这种强化使得经济和金融长期持续、显著地偏离长期标准。从历史经验来看，同时观察到一系列这种失衡状况能有效地预测随后出现的金融危机和产出损失，因此，失衡偏离均值的程度应该是有限的，这也意味着严重的失衡是不可持续的。从这个意义上看，2008年由美国次贷危机所引发的全球金融危机并不是一个新鲜事物，相反，它只是信贷扩张、资产价格泡沫和监管错配所引发的宏观失衡的必然结果，这种危机机制已经在过去几十年的金融危机中多次得到佐证。

从历史来看，早在现代金融体系初步形成的20世纪70年代，工业化国家就经历了信贷扩张和资产价格（尤其是股票和房地产价格）的迅猛上涨。在20世纪80年代中期至90年代早期，北欧国家和日本出现了类似的情况。在20世纪尾声的亚洲金融危机中，来自全球的廉价信贷不仅推高了这些国家的资产价格，而且使得这些国家的经济最终走向一个投机性的繁荣并为后来的崩溃埋下了隐患。进入21世纪的第一个十年，源自美国的次贷危机席卷全球，成为继1929—1933年以来破坏性最大的金融危机，而在这一事件中，扮演核心角色的依然是信贷的过度扩张和以房地产市场为代表的资产价格的非理性上涨。

金融危机在全球范围内的肆虐给相关国家造成了巨大的经济和社会成本。据统计，1980年以来，一百多个国家经历了不同程度的金融危机。根据艾伦和盖尔（Allen and Gale，2004）的研究，银行危机带来的产出损失达到 GDP 的 27% 左右。除直接经济损失外，金融危机还会导致经济增长的显著下降和失业率的大幅上升。图 1-1 显示了历史上一些主要国家和地区的危机案例，这些危机案例的人均 GDP 降幅达到 9.3%，失业率增幅达到 7%，持续时间接近 5 年。此外，金融危机还将导致政府财政状况的恶化。根据莱因哈特和罗格夫（Reinhart and Rogoff，2011）的历史数据研究，危机导致了税收的大幅下降和政府反危机支出的增加，在银行危机发生后的 3 年内，实际公共债务累计增加幅度的历史均值高达 86.3%。

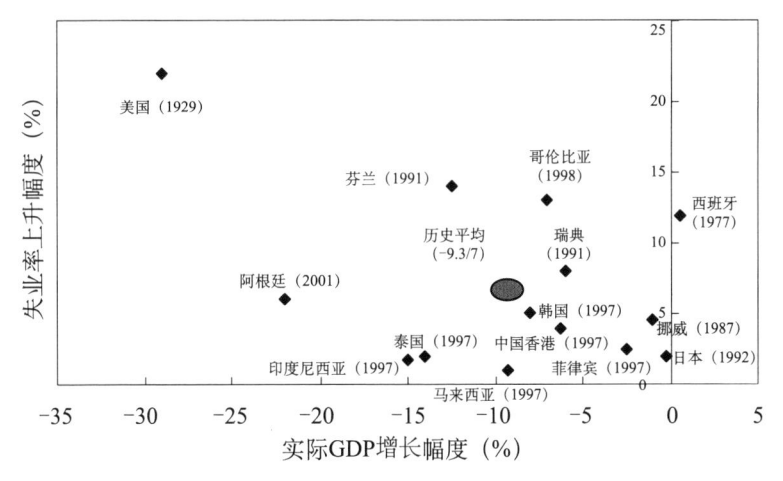

图 1-1 银行危机发生后的经济增长下降和失业率上升

## （二）传统货币政策和微观审慎监管政策的失效

总体来看，过去 40 多年的经验表明，仅仅依赖微观审慎监管很难维护金融体系的稳定，也很难确保长期的宏观均衡和经济的可持续增长。这种情况不仅在频繁发生的金融危机中得到了反复证明，而且其背后蕴含着深刻的宏观经济背景。具体而言，20 世纪 70 年代之后，伴随着全球金融"繁荣—萧条"周期的加强，金融体系的过度顺周期性（excessive pro-cyclicality）使得传统的通货膨胀机理发生了明显改变。由于大量的货币和信用源源不断地注入并滞留于金融体系，这不仅加大了金融体系和实体经济的偏离程度，而且使得金融方面的扭曲往往先于实体经济的扭曲发生，其结果是：大部分情况下，在过量的货币和信用转化为实体经济中普遍出现的通货膨胀之前，由资产价格和信贷高位崩溃带来的金融危机就已经爆发。正是由于在现代金融体系下，危机的发生可直接经由资产价格和信贷路径而非传统的一般物价渠道，这不仅使得传统的微观审慎监管无能为力，就连基于"通胀目标制"的货币政策在宏观稳定方面也失效了。

在周期性发作的金融危机面前，传统的货币政策和微观审慎监管都显得力不从心，这些政策不仅未能有效遏制金融危机的爆发，而且在事前的危机预测（预警）和事后的危机处置方面也乏善可陈。事实上，只要金融监管继续将视角局限于微观个体层面，而忽略金融机构、金融市场和宏观经济之间的相互作用，那么由系统性风险引发的金融危机就还会反复发作。对此，英格兰银行（Bank of England, 2009）认为，当面对严重的金融危机时，传统的金融监管框架很难做出正确的反应，其原因主要源自两个方面：一方面，现行的微观审慎政策工具（尤其是资本要求）很难被运用或调整至银行资产负债表能够承受的程度，而另外一些审慎工具（如流动性要求）却被严重低估了；另一方面，当微观审慎监管的视角始终立足于单个金融机构层面时，总体的杠杆水平和期限错配可能被长期忽略。

此外，对于宏观层面的金融和经济稳定而言，如果没有充分考虑到经济和金融活动之间的联系，要想决定资本和流动性的最优水平几乎是不可能的。尽管传统的金融监管框架同样针对金融体系和经济活动之间的关联进行了某种程度的评估，但就稳定经济和金融体系的现实需要而言，这种努力还远远不够。迄今为止，大多数微观审慎政策工具和措施都没有对总体的信贷扩张或资产价格进行有效抑制，金融机构之间或金融机构与金融市场之间的相互关联和作用机制也未得到充分考虑。尤其是随着金融体系中的风险表现形式越来越多样化，传统的微观审慎监管不仅对各种风险之间的相互关联性难以有效识别，同时也无力对跨机构和跨行业的风险传染做出及时的反应。在这种情况下，迫切需要有一种新的政策工具来专门致力于维护金融体系的整体稳定。

## （三）宏观审慎政策的实践演进

从概念追溯来看，宏观审慎其实并不是一个新概念。早在20世纪70年代，国际清算银行（Bank for International Settlements, BIS）就已开始采用"宏观审慎"（macro-prudential）这一概念。1986年，BIS在其报告《近期国际银行业的创新活动》中提及宏观审慎监管（macroprudential regulation），并将其定义为促进"广泛的金融体系和支付机制的安全和稳健"的一种政策。1987年，巴塞尔银行监管委员会首任主席布伦登（Blunden）也在一次讲话中强调，"对金融体系的系统性审慎可能意味着需要约束某些对于单个银行而言的审慎行为"。2000年9月，时任国际清算银行总裁的科罗克特（Crockett）在金融稳定论坛（Financial Stability Forum，FSF）的一篇演讲中，阐述了宏观审慎监管的目标和监管政策含义。此后，巴塞尔银行监管委员会委员博利奥（Borio，2003）等人进一步对宏观审慎监管的内涵及其与微观审慎监管的区别进行了研究。不过，宏观审慎概念真正受到国际范围内的普遍关注和认同主要还是在2008年全球金融危机之后。

从政策实践来看，2008年危机之后，国际社会开始重新反思传统金融监管方法的内在缺陷，从而进一步强化了对宏观审慎监管重要性的认识。2009年初，BIS对宏观审慎进行定义，并指出要用宏观审慎政策解决危机中"大而不能倒"、顺周期性、监管不足和标准不高等问题。2009年4月，二十国集团（G20）在伦敦峰会上发表宣言，将宏观审慎监管作为微观审慎监管和市场一体化监管的重要补充，并提出了旨在减少系统性风险和增强金融监管体系的一系列新措施。此次会议同时宣布成立金融稳定委员会（Financial Stability Board，FSB），将其作为全球金融稳定的宏观审慎监管国际组织负责以下事务：评估不同金融体系的脆弱性，推动不同监管机构之间的协调和信息交换，监测市场发展及其对监管政策的影响并提出建议，对国际监管标准制定机构的标准制定工作进行联合战略评估，对具有系统重要性的大型跨境金融机构提供监管团指导和支持，支持跨境危机管理的应急预案，以及与国际货币基金组织（International Monetary Fund，IMF）共同开发金融体系的早期预警系统。FSB的成立有助于在全球层面加强宏观审慎监管的合作与协调。2009年6月，欧盟理事会通过了《欧盟金融监管体系改革》，并在当年9月通过了金融监管改革的立法草案，提出要建立一个宏微观审慎并重的监管体系。

2010年7月，时任美国总统奥巴马正式签署了自"大萧条"之后最为严厉的一部金融改革法案——《多德-弗兰克华尔街改革与消费者保护法》（Dodd-Frank Wall Street Reform and Consumer Protection Act）。2010年9月，巴塞尔银行监管委员会管理层会议在瑞士举行，27个成员国的中央银行代表就《巴塞尔协议Ⅲ》达成一致，通过了对金融机构的新资本要求、流动性调节、杠杆率（leverage ratio）、动态拨备（dynamic provisioning）等多项意见。2010年11月，二十国集团首尔峰会通过了巴塞尔银行监管委员会此前拟定的《巴塞尔协议Ⅲ》，其中包含了加强宏观审慎监管的诸多进展：一是在最低监管资本要求之上增加基于宏观审慎的资本要求，保护银行体系免受信贷激增所带来的冲击，同时系统重要性银行还需要在最低资本要求的基础上额外增加资本，以进一步增强其抗风险能力；二是加强流动性和杠杆率监管，提出了流动性覆盖率（liquidity coverage ratio，LCR）和净稳定融资比率（net stable funding ratio，NSFR）两个标准，增强金融机构的流动性风险管理能力；三是作为最低资本要求的补充，新的杠杆率测算纳入了表外风险，以一级资本与其表内资产、表外风险敞口和衍生品总风险暴露的比率来计算杠杆率水平。

2011年6月，英国政府宣布了以降低金融体系整体风险为目的的监管框架改革方案，其中一个关键条款是在英格兰银行内部设置一个新的委员会——金融政策委员会（Financial Policy Committee，FPC）。该委员会具有两项主要职权：一是向金融体系解释或使之遵守宏观审慎监管当局的意见，二是指导宏观审慎当局调整由财政部启动二级立法程序设定的宏观审慎工具。2011年9月新修订的《韩国银行法》也进一步强化了韩国银行的宏观审慎职能，赋予其维护金融稳定的必要工具和手段。日本银行也开始通过多种方式履行宏观审慎职能，如将宏观审慎管理与微观层面的现场检查、非现场监测相结合，发挥最后贷款人（lender of last resort，LLR）作用，为金融机构提供必要的流动性支持，从宏观审慎视角出发制定货币政策和监测支付结算体系等。2011年11月，FSB发布文件《针对系统重要性金融机构的政策措施》，并在同月举行的G20戛纳峰会上获得批准。当月，FSB发布了首批全球29家系统重要性金融机构名单，中国银行在列，此后该份名单每年更新，至2015年11月，中国的工、农、中、建四大国有商业银行全部进入名单。

2016年8月，IMF、FSB和BIS联合发布了《有效宏观审慎政策要素：国际经验与教训》的报告，对宏观审慎政策进行了定义：宏观审慎政策利用审慎工具来防范系统性风险，从而降低金融危机发生的频率，减弱其影响程度。2017年6月，IMF执董会讨论了一份关于

《发挥宏观审慎政策作用 增强对大额及不稳定资本流动冲击的抵御能力》的文件,强调大额及不稳定的资本流动会引发系统性金融风险,当前金融监管应侧重于增强金融体系弹性,进一步丰富和发展宏观审慎政策。该文件指出,由于IMF各成员经济体对大额及不稳定资本流动冲击的抵御能力普遍薄弱,IMF执董会已采纳基于资本流动管理及自由化的机构意见和宏观审慎政策框架,在考虑各经济体金融发展状况及体制问题的基础上发挥二者在应对系统性金融风险方面的补充作用。同时,该文件还讨论了跨境资本流动对系统性金融风险的传导渠道,指出了宏观审慎措施(MPM)的作用范围及其与资本流动管理措施(CFM)的区别,以及在资本外逃背景下宏观审慎政策应该考虑的因素。

## 二、宏观审慎政策的理论基础

从宏观审慎政策产生的理论基础来看,主要包括以下逻辑上互相关联的三方面内容:一是作为传统的"金融稳定支柱",微观审慎监管只能用于控制金融机构的个体风险(individual risk),无法有效控制宏观层面上的系统性风险,而后者恰恰是导致现代金融危机的主要原因;二是系统性风险的形成机理,即系统性风险本身是怎样形成的;三是基于上述两点的宏观审慎政策目标和工具定位,即宏观审慎政策区别于微观审慎监管的一个出发点是控制系统性风险,而政策工具的设计则是基于系统性风险的形成机理,针对性地从风险源头抑制系统性风险。

### (一)微观审慎监管无法有效控制系统性风险

按照传统的政策目标定位,货币政策的主要目标是实现价格稳定和产出（就业）稳定，而金融稳定的目标则交由以《巴塞尔协议Ⅰ》和《巴塞尔协议Ⅱ》为代表的微观审慎监管来实现。不过，正如上一节已经指出的，从现实情况来看，微观审慎监管即使能够较好地管理金融机构的个体风险，在宏观金融稳定方面总体上也是失败的。

从根源上看，传统微观审慎监管之所以在宏观金融稳定方面会失败，其核心的理论原因在于：基于单个金融机构的监管并不足以识别、阻止和消除金融体系中的系统性风险，而在个体风险转化为系统性风险的过程中，又普遍地存在着"合成谬误"问题。所谓"合成谬误"，是指在一个系统中，即使从局部来看每个个体都达到了最优状态，经"加总"之后的整体也不一定处于最优状态。特别是在金融顺周期性（见图1-2）的行为模式下，经济主体根据经济运行趋势信号形成的"最优"决策，虽然在每个个体看来都是理性的，但当他们倾向于采取一致行动时，最终却造成了"集体非理性"的结果。

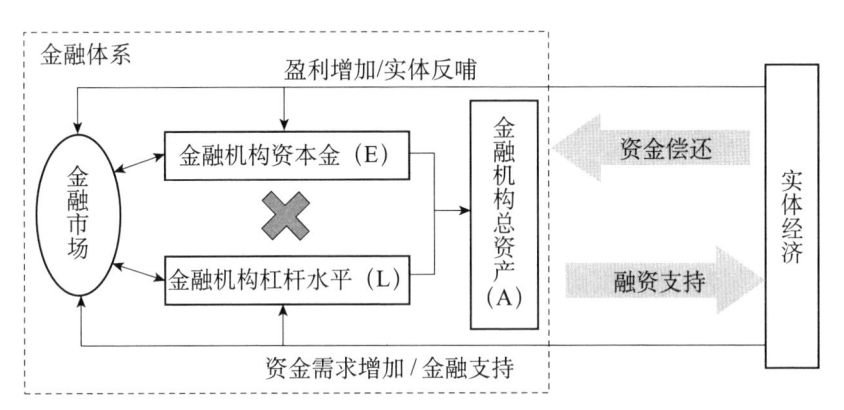

**图 1-2　金融体系和实体经济的顺周期性示意图**

金融体系也面临同样的问题，即单个金融机构的稳健并不总是能保证作为"集合结果"的金融体系的整体稳定性。例如，在经济繁荣期，由于大多数企业都具有非常稳健的资产负债表，从单个金融机构的角度来看，此时扩大信贷规模显然是一种理性的经济行为，但如果所有的金融机构都这样做，必然导致信贷超速扩张，资产价格泡沫不断积聚，从而为金融危机和经济衰退埋下祸根；相反，一旦危机爆发或经济陷入衰退以后，为控制风险或提高流动性，单个金融机构出售资产的微观行为显然也是理性和无可厚非的，但大多数金融机构都这样做，必然导致资产价格进一步下跌，危机持续恶化。

从监管的目标对象来看，20世纪90年代以来的金融危机表明，随着金融市场的日渐发达和金融风险的日益增加，单一的资本充足率标准已不足以保证银行体系的安全性和稳定性，机械和静态地解释银行的资产负债表往往会掩盖问题的实质。比如，在很多情况下，金融机构债务杠杆增长最显著的领域并非传统银行业务，而是交易账户中的证券化产品。按照传统资本充足率监管的规定，即使这些金融产品最终转变成高风险资产，它们的风险权重也不会太大。在这种情况下，如果将以风险资产计算的资本充足率作为衡量金融机构风险的"标尺"，那么很多金融机构的杠杆率表面上并不是很高，资本似乎也是充足的，但如果考虑到这些金融机构通过结构性投资机构（Structured Investment Vehicle，SIV）投资于证券化产品时，须以母公司身份向后者提供资金并承担风险，那么从风险控制的角度，应该要求它们增加资本。因此，对于宏观金融稳定而言，政策应该关注的风险不是特定金融机构的特定业务风险，而是整个金融体系所面临的"共同风险敞口"。在经济金融一体化的过程中，金融机构和金融市场的参与者可能面临着非常大的共同风险敞口，尤其是那些可能导致"多米诺骨牌效应"的金融机构或者部门。

此外，在一个典型的金融市场网络中，市场的"外部性"表现为结构化产品的价值会因为越来越多的金融机构参与而迅速膨胀，因此，系统性风险的聚集还与日益扩张的网络外部性密切相关。由于金融机构之间的交易错综复杂，一旦系统逼近临界状态，任何微小的扰动就可能导致网络关键"节点"的失效,从而引起整个网络系统的崩溃。在一个普遍互联的网络系统中,宏观审慎的重点关注对象除了那些处于网络关键节点、容易诱发多米诺骨牌效应的金融机构或者部门外,还应普遍纳入对冲基金、投资银行、"影子银行"等规模较大的非银行金融机构,甚至纳入某些非金融机构,只要这些机构的行为可能给金融体系带来系统性风险。这意味着,传统的微观审慎监管将监管对象集中于银行可能并不充分,金融稳定的目标对象应该包括对金融体系运行产生较大影响的任何机构(包括非金融机构)。比如,在美国次贷危机中,所谓的"影子银行体系"(如对冲基金、投资银行、各类表外项目以及一些地区性的按揭房产公司)的经营活动虽然与普通大众没有直接联系,但其活动同样具有系统性风险影响,特别是对于一些本来就没有存款基础的机构(如投资银行)而言,当流动性出现问题时,其脆弱性程度往往比银行还要高。

## (二)系统性风险的形成机理

传统的微观审慎监管之所以无法有效应对系统性风险,还在于系统性风险的形成和发展过程有着与个体金融风险非常不同的内在机理。深刻理解系统性金融风险的形成机理,对于针对性政策工具的开发和设计具有基础性意义。

首先应该指出,宏观经济金融领域所说的"系统性风险"(systemic risk),在定义上与微观金融学(投资学)中所定义的"系统风险"(systematic risk)有所不同。按照国际货币基金组织、国际清算银行和金融稳定委员会的定义,系统性风险是由整个或者部分金融体系失灵(并可能对实体经济产生严重的负面影响)导致的金融服务(包括信用中介、风险管理和支付体系等)中断的风险,具体可以从"时间"和"空间"两个维度进行刻画。其中,时间维度(纵向主要关注系统性风险如何随时间变化的问题，即系统性风险如何通过金融体系以及金融体系与实体经济的相互关联而不断放大经济周期波动，从而诱发危机，亦即金融体系的"顺周期性"问题。空间（跨部门）维度主要考虑在特定时间点上系统性风险的分布状况，包括金融机构所面临的共同风险敞口，单个或一组金融机构的倒闭冲击到整个金融体系的稳定性（如雷曼兄弟案例），这一维度主要涉及金融体系的"网络脆弱性"和"网络风险传染"问题。

从宏观角度来看，如果资本和流动性来源充足，或者握有现金的长期投资者直接持有大量的实体经济债务，则借款人的过度负债未必会导致金融机构的过度风险承担和金融危机。但当金融部门的杠杆过高或资产与负债的期限严重错配时，系统性风险就有可能在经济金融周期的特定时点发生。金融活动内在的顺周期性特征会加剧系统的相关性和复杂性，从而导致风险在时间维度上的放大和在空间维度上的蔓延。总体而言，理解系统性风险的产生原因，可以从时间和空间两个基本维度展开。

1. 系统性风险的时间维度

从时间维度（time dimension）上看，金融体系活动的一个显著特征是资产价格和信贷扩张"繁荣—萧条"周期的顺周期性增强，这种顺周期性内生地存在于经济和金融活动之中。在现实中，金融机构、企业和家庭均有着强烈的"从众趋势"。在一个典型的信贷周期中，上行期时它们会过度放大自身风险，而在下行期又会极端厌恶风险。这种顺周期性存在多种潜在原因，包括风险短视、短期主义和金融市场的"羊群效应"等。

以银行的信贷决策为例，事实上银行的很多错误放贷决策都是在繁荣期做出的，而不是在衰退期。在宏观经济与金融体系"繁荣—萧条"的同向周期性更迭中，银行常常不由自主地面临两类典型的信贷错误:一方面,在经济繁荣时期,宽松的信贷条件和环境使得许多净现值为负的项目获得了融资,这将在项目到期后不可避免地出现违约并导致不良贷款;另一方面,在经济衰退时期,由于不良资产大量增加,银行的风险拨备策略趋于保守,许多净现值为正的项目被拒之门外。其他类型的金融机构以及家庭和企业等市场主体也存在类似的决策错误,它们在经济上行期过于乐观、加大杠杆和进行过度投资,而在经济下行期又过于悲观、被迫降低杠杆和急剧收缩投资。

在上述过程中,金融机构的集体行为还会导致资产类型趋同,使得机构之间风险敞口的相关性提高。同时,金融创新的发展也使机构之间联系更为密切,从而进一步加大了共同风险敞口,导致金融体系非线性的反馈机制更容易传导至实体经济。回顾最近40多年的全球金融危机史,金融体系的过度顺周期性已成为大多数金融危机背后的一个基本机制。虽然金融体系的顺周期性是内生于经济行为的一种常态,但20世纪90年代之后,全球范围内的金融发展不仅强化了其经济影响力,而且使得金融体系具备了脱离实体经济自我扩张的能力。这不仅加重了金融体系固有的顺周期性问题,而且使金融活动持续、显著地偏离长期均衡。这种长期积累的金融失衡将最终以金融动荡的方式来释放,从而导致金融危机和经济衰退。

在时间维度方面,除上述一般性的顺周期性机制之外,一个结构性的时间维度问题是金融机构的"期限转换风险",即金融机构资产与负债的期限结构错配所引发的系统性风险。期限转换——将期限较短、流动性强的存款(资金来源)转换为期限较长、流动性较弱的贷款(资金运用),本来是金融机构的一个基本功能,但如果期限错配过度,"短存长贷"无疑会使银行面临严重的流动性风险,此时如果突然遭遇外部冲击,而银行的流动资产缓冲又不足以吸收冲击,那么流动性危机将很快形成。在典型的金融危机案例中，涉及期限错配的流动性风险都发挥了重要作用，并成为主要的危机放大机制之一。

#### 2. 系统性风险的空间（跨部门）维度

从空间维度（cross-sectional dimension）来看，系统性风险的形成机理在于，处于金融系统网络结构中的一些金融机构和金融部门，会通过金融网络的关联性（如沿着彼此业务往来关系的路径）把自身的风险传递给别的金融机构和金融部门，从而造成整个金融体系的大面积、普遍性风险，类似于"流行病"的传播和扩散机制。因此，从空间（跨部门）维度理解系统性风险，主要强调的是由金融体系网络结构所引发的空间传染机制，这种传染可以是国内（区域内）的空间传染，也可以是不同国家或经济体之间的跨境空间传染（见图1-3）。

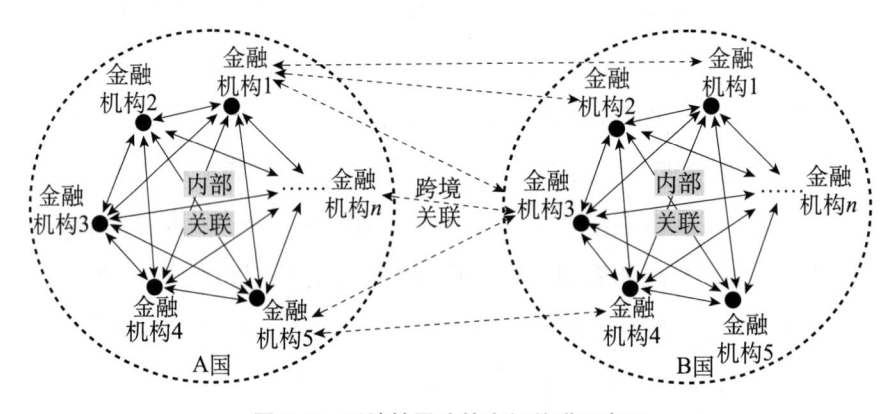

**图 1-3 系统性风险的空间关联示意图**

在空间风险传染方式上，一般有以下三种情况：一是从点到面的风险传染，即从个别重要金融机构向整个部门和金融体系的传染；二是面到面的传染，即从某个金融部门（比如投资银行）向其他金融部门（比如商业银行和保险部门）的传染；三是从一个国家的金融体系到另一个国家的金融体系的跨境传染。从影响上看，由于时间维度的风险通常首先在金融体系的某个部门出现，然后通过空间维度传导至其他部门，因此，一般而言，跨部门的风险传递通常影响更大，属于时间维度风险的"横向升级"。

在空间维度风险产生的深层次原因方面，风险集中度（risk concentration）和信息透明度（information transparency）是非常重要的两个切入点。对于前者而言，当特定的风险总量集中于少量的机构或市场时，金融体系往往比风险相对分散时更加脆弱，特别是系统重要性金融机构（SIFIs）的破产可能会对其他金融机构产生明显的"溢出效应"，从而引发"多米诺骨牌"似的风险传导。对于后者而言，金融产品、金融机构及与之相关的信息的不透明性和复杂性会放大不确定性，让人们忽视或无法及时判断正在形成的风险，从而潜移默化地助长了风险链条的延伸，过度创新类的金融产品和业务就往往容易引发此类风险。

基于上述原因，系统性风险在空间维度上的集聚状态主要关注以下三个方面：一是单个机构和单一部门的高风险业务敞口，比如2008年金融危机中雷曼兄弟等大型投资银行所持有的巨额住房抵押贷款头寸；二是金融机构或金融部门的脆弱性，比如2008年金融危机前，包括投资银行、商业银行和保险公司等在内的不少金融机构的杠杆率都超过50倍，高杠杆往往建立在相互借贷和彼此持有对方资产的基础之上，从而容易引发系统性风险的爆发式传播；三是风险在空间维度上的传播机制，是从点到面还是面到面或者跨国传染，这对预判系统性风险的发展演变及其影响具有重要参考意义。

最后，需要指出的是，系统性风险的形成机理及其与经济金融活动之间的关系实际上非常复杂，并且有着深刻的制度背景和社会诱因。此方面的研究由于涉及多个学科的知识和理论，目前的理解总体上还处于初步阶段。

### (三)宏观审慎政策成为一种新政策的调控理念与定位

在微观审慎监管无法有效控制系统性风险的情况下,政策理念逐渐开始从传统的单个机构向系统视野转变,即从微观审慎向宏观审慎转变。强调宏观审慎的政策理念认为,仅凭微观层面的努力难以实现金融体系的整体稳定,政策当局需要从经济活动、金融市场以及金融机构行为之间相互关联的角度,从长周期和系统整体视角评估金融风险,并在此基础上做出相应的政策设计。一个健全的宏观审慎政策框架需要更加有效地监测和控制系统性风险,同时减轻经济和金融周期的"溢出效应"。

事实上,从大的逻辑上看,对于防范金融危机和控制系统性风险而言,微观审慎监管之所以面临重重困境,其根源在于基于"微观"视角的政策设计从一开始就注定无法与归属于"宏观"层面的系统性风险实现真正的"目标—工具"匹配。识别和防范系统性风险需要一种与之相匹配的宏观政策工具,这也是推动金融监管从"微观审慎"走向"宏观审慎"的根本原因。一旦将宏观审慎的目标定位于减少系统性风险和增强金融体系的整体稳定性,那么,这一目标的实现将主要集中在两个方面:一是通过必要的制度设计,主动抑制金融体系内部的过度风险承担和集聚;二是当经济遭遇负面冲击时,增强金融体系的弹性和自我恢复能力,降低潜在损失。毫无疑问,要实现这种目标的转变,必然涉及金融机构、金融市场、金融制度和宏观经济之间的相互作用,除非新的宏观审慎框架能够有效识别各种潜在的风险源、风险结构和风险机制,否则,控制系统性风险的目标不可能真正实现。

总的来看,微观审慎监管存在以下三个方面的明显局限:一是在"时间维度"上难以有效应对金融体系顺周期性所导致的系统性风险,二是在"空间维度"上难以防范因跨行业、跨市场传染所产生的系统性风险,三是没有充分考虑到具有系统重要性的金融机构的巨大外部性效应及其对金融体系的可能冲击。有鉴于此,为纠正微观审慎监管的上述不足,宏观审慎更加注意从整体上维护金融体系的稳定性,包括从时间维度和空间维度降低金融机构、金融市场和其他相关金融活动的脆弱性,并且将对象范畴扩展至整个金融体系的供求双方。实际上,实体经济部门不适当的融资行为也可能导致风险累积,比如,家庭、企业或者政府部门债务的过度累积也会引发结构性失衡,这些结构性失衡在经过长期、逐渐的累积之后,会突然、剧烈地爆发,从而导致危机。比如,美国次贷危机告诉我们,除了关注金融机构的资产负债表稳定状况之外,家庭部门和企业部门的资产负债表稳定状况对于宏观金融稳定的判断也非常重要,而"欧债危机"则显示了政府资产负债表稳定的重要性。表1-1对微观审慎监管和宏观审慎政策的一些主要差异进行了概要性总结。

**表1-1 宏观审慎政策与微观审慎监管的比较**

| | 宏观审慎政策 | 微观审慎监管 |
| --- | --- | --- |
| 直接目标 | 避免系统性金融危机的发生 | 避免个别金融机构破产倒闭 |
| 最终目标 | 避免产出损失 | 保护消费者/投资者/存款人 |
| 风险模型 | 一定程度上是内生的 | 外生 |
| 金融机构之间的关联性和共同风险敞口 | 重要 | 不相关 |
| 风险控制方式 | 以整个系统范围的风险为单位,自上而下实行控制 | 以个别机构的风险为单位,自下而上实行控制 |

资料来源:Borio, C., 2003, Towards a Macroprudential Framework for Financial Supervision and Regulation? BIS Working Paper, No.128.

从更大的政策图景来看,在现代经济和金融体系下,要从根本上实现破解金融失衡和破解实体经济失衡这两个彼此交织的政策目标,迫切地需要在一个内生性的整体视野下,重建金融和实体经济的"双稳定"框架(见图1-4)。在这一框架下,传统的宏观经济政策需要更多地纳入对宏观经济和金融稳定的考虑,而金融体系的稳定也需要在微观审慎监管的基础上进一步纳入宏观审慎政策。

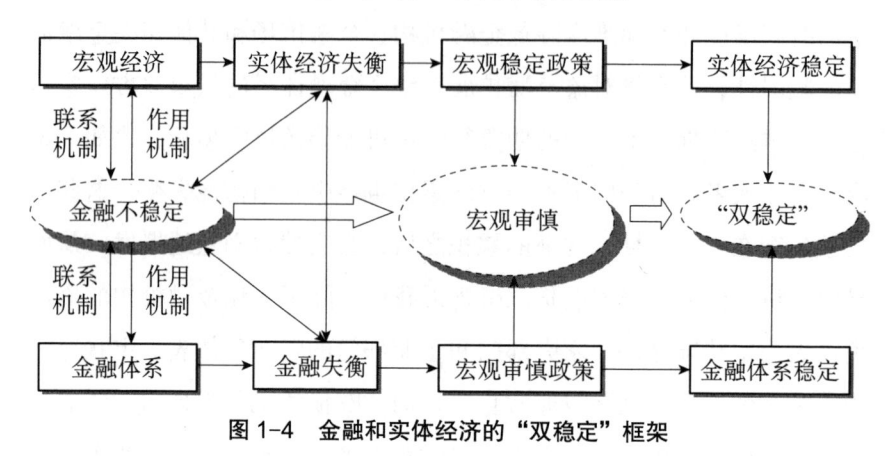

图 1-4 金融和实体经济的"双稳定"框架

## 三、宏观审慎政策的框架体系

总体来看,宏观审慎政策框架的核心是通过建立一整套制度机制,从事前、事中和事后全程实现对系统性风险的有效管理。

### (一)宏观审慎政策框架的构建原则

一个有效的宏观审慎政策框架必须满足以下基本标准:一是具有清晰的目标,并围绕这个目标进行相关资源的整合,形成分工明确、责任清晰和协调一致的组织结构;二是具有可置信的政策工具和手段,即政策当局的行为必须具有公信力和透明度,并且拥有足够的资源和能力(工具和手段)来为其目标服务;三是政策实施机制的灵活性和灵敏度,即在面对复杂多变的情况和结构变化时,宏观审慎政策框架必须能及时地做出调整，以确保在新的环境下仍能实现预期的政策目标；四是政策实施的经济性问题，即政策行为本身是一项有成本的活动，一个有效的宏观审慎政策框架应该尽量减少不必要的成本支出，提高管理和决策的效率。

根据上述基本标准，一个有效的宏观审慎政策框架应该遵循以下四个方面的基本原则：

一是目标性原则，即宏观审慎政策框架应该紧紧围绕其管理对象和目的——防范系统性风险和降低产出损失——来组织和开展工作，宏观审慎政策框架中的每一个组成部门也必须明确其在整个系统性风险管理图谱中的位置和具体目标。

二是透明度原则，即为了增强政策框架的可信度和公信力，宏观审慎管理的目标、规则和决策程序等应该尽可能公开并加强与外界的沟通，从而稳定市场参与者的预期，减少金融机构应对政策变化所带来的不确定性影响，以及尽量消除政策传导机制中的各种政治和机构阻力。

三是灵活性原则，即宏观审慎政策框架在组织架构、决策程序和实施规则等方面，应该充分考虑经济和金融环境可能变化所带来的潜在影响，并通过及时的反馈调整来主动适应这些变化。在实施规则方面，政策制定者应该在规则和相机抉择之间寻求一个合适的平衡点，确保宏观审慎政策的制定和实施始终与现实的情况和要求保持一致。

四是经济性原则，即宏观审慎政策框架一方面应该提高管理和决策的效率，以更加集约的方式来组织和管理自身，尽量减少运行成本和协调成本；另一方面注意宏观审慎政策对整个金融体系运行效率和资源配置效率的影响，有效降低道德风险，并使危机救助成本最小化。

## (二)宏观审慎政策框架的主要内容

从宏观审慎概念的历史演进来看,总体上经历了从"宏观审慎监管"到"宏观审慎管理",再到"宏观审慎政策"的过程。这一过程从一个侧面反映出,宏观审慎政策的内涵事实上是一个不断延伸的过程,反映在政策实施层面上,宏观审慎政策从最初的金融监管政策逐渐发展成为一个完整的政策框架体系,其内容涵盖政策目标、政策工具、政策实施(规则与传导)、政策评估、制度架构等诸多方面。一个简要的宏观审慎政策框架如图1-5所示。

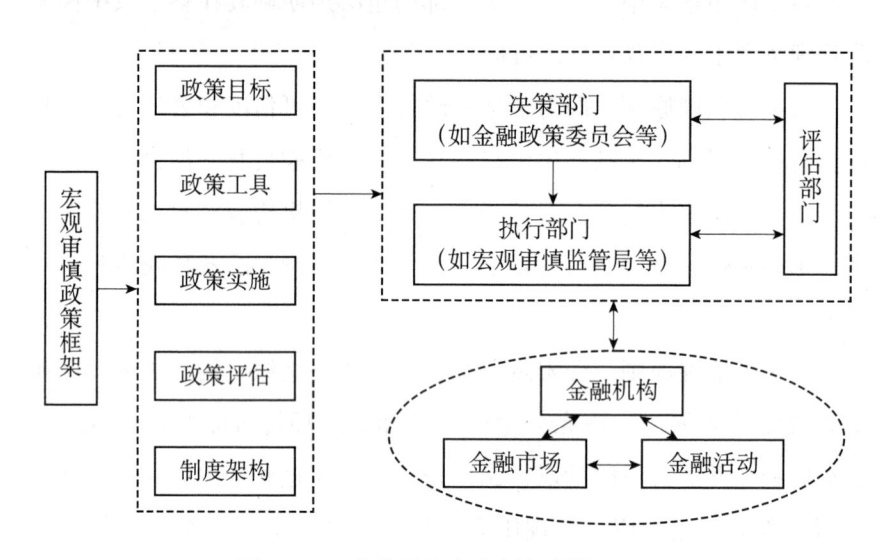

**图1-5 一个简要的宏观审慎政策框架图**

展开来看,在上述政策框架的每个部分都包含一系列的组成要件。具体而言,政策目标是一个包含操作目标、中间目标、最终目标和监测指标的完整目标体系,并且指标之间需要存在明确的关联、衔接和彼此验证关系;政策工具是一个由不同类型和不同层次工具构成的工具箱体系,这些工具既在具体目标、结构和实施方式上存在一定的差异性,同时也在政策效应和传导机制方面存在一定的相互作用性；政策实施涉及工具运用的整个过程，包括以什么样的规则来选择、运用和调整工具，如何理解和判断政策传导过程的顺畅度和效率性等；政策评估是对宏观审慎政策实施效果的定性定量评价体系，包含对已推行政策的效果评价、问题分析和调整建议等；制度架构则广泛地包括用于支持宏观审慎政策有效运行的相关制度安排，如职能分配、决策机制、人事安排、法律规章、财务制度等。

## （三）宏观审慎政策框架的实施过程

建立了宏观审慎政策框架之后，宏观审慎政策的实施一般包括以下步骤：一是建立相关指标体系，对系统性风险的动态情况进行持续监测；二是综合运用定量和定性手段，对系统性风险或潜在的金融脆弱性进行评估；三是当预警信号发出后，及时采取行动对金融体系的失衡情况进行纠正；四是当金融危机突发性地或者不可预料地发生时，运用有效的政策措施来控制危机的蔓延和深化。上述四个步骤中的步骤一可归纳为"风险识别"，步骤二可归纳为"风险评估"，步骤三和步骤四可归纳为"风险管理"（见图1-6）。容易看出，步骤三属于事前的风险管理，而步骤四则属于事后的风险管理。

首先，从风险的识别来看，主要是从截面视角（截面分析）和时间视角（时序分析）两个维度对影响系统性金融稳定的相关因素进行分析，包括金融体系的内生性风险、溢出路径和转化条件，以及宏观经济条件、突发性事件和自然灾害的影响等。其中，截面视角主要针对整个金融体系在某个特定时点上的风险分布状态，包括金融机构之间的相互关联性及共同持有的风险敞口，以及具有系统重要性的金融机构对金融稳定的影响。相比之下，时间视角主要针对金融体系的顺周期性，即系统层面的风险如何随着时间的推移，通过金融体系内部以及金融与实体经济之间的作用关系而被放大。从风险传播途径来

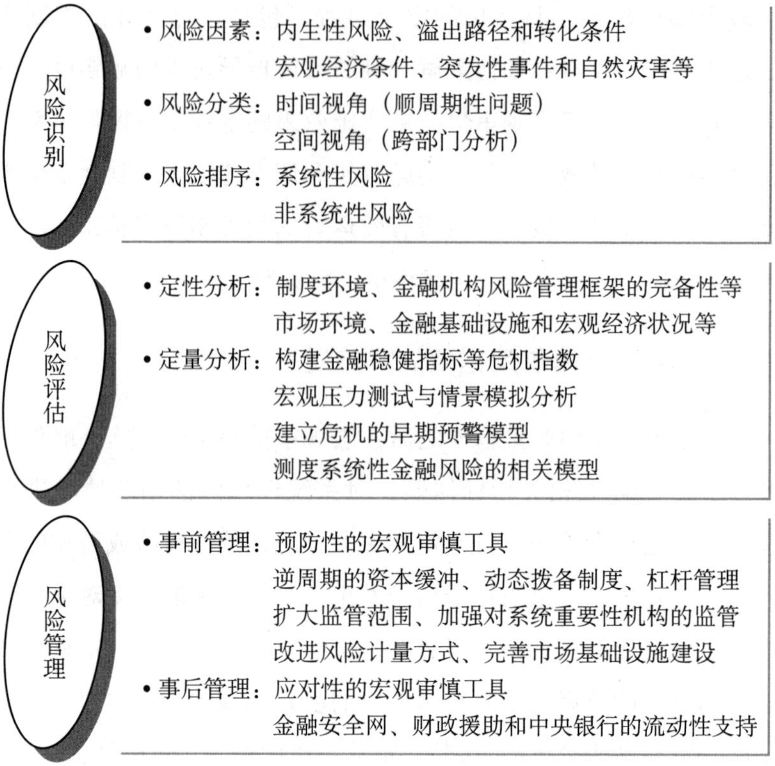

- 风险识别
  - 风险因素：内生性风险、溢出路径和转化条件
    宏观经济条件、突发性事件和自然灾害等
  - 风险分类：时间视角（顺周期性问题）
    空间视角（跨部门分析）
  - 风险排序：系统性风险
    非系统性风险

- 风险评估
  - 定性分析：制度环境、金融机构风险管理框架的完备性等
    市场环境、金融基础设施和宏观经济状况等
  - 定量分析：构建金融稳健指标等危机指数
    宏观压力测试与情景模拟分析
    建立危机的早期预警模型
    测度系统性金融风险的相关模型

- 风险管理
  - 事前管理：预防性的宏观审慎工具
    逆周期的资本缓冲、动态拨备制度、杠杆管理
    扩大监管范围、加强对系统重要性机构的监管
    改进风险计量方式、完善市场基础设施建设
  - 事后管理：应对性的宏观审慎工具
    金融安全网、财政援助和中央银行的流动性支持

图 1-6　宏观审慎框架下的风险要素与管理流程

看，期限错配（流动性）和杠杆化（偿付能力）是系统性金融风险存在的两种基本途径。

其次，从风险的评估来看，主要是在给定宏观审慎政策当局的风险偏好和容忍度的基础上，通过一系列定性和定量的分析，如金融稳健指标、压力测试（stress testing）、早期预警模型等，对金融体系的风险状态进行评估。为对金融体系的整体风险状况进行科学判断，充分获取市场信息非常重要。在信号提取的过程中，应注意相关政策工具的传导机制可能会随着金融中介活动和金融体系结构的改变而发生变化。金融失衡和风险暴露不是在实体经济各部门和金融中均衡发生的，这些迹象可能在局部性或部门性的水平上表现得更为明显。政策工具的目的在于使政策措施能够有针对性地应用于特定部门，但以特定市场为目标的措施可能会引发其他领域的失衡。

最后，从风险的管理来看，事前的风险管理主要是"预防性"的，而事后的风险管理则主要是"应对性"或者"修复性"的。前者通过事先采取常规性的政策工具来抑制系统性风险的过度积累，而后者则是在风险事件发生以后，通过采取必要的政策措施来防止系统性风险的蔓延、扩大。从时间维度来看，预防性的宏观审慎工具主要包括建立逆周期的资本缓冲和动态拨备制度，以及各种杠杆管理工具等。从空间维度来看，预防性的政策工具包括扩大监管范围、加强对系统重要性金融机构的监管、改进交易对手的风险计量方式、完善市场基础设施建设等。在应对性的政策工具方面，主要包括金融安全网、财政援助和中央银行的流动性支持等。

根据一般经验法则，要使宏观审慎政策更为有效，它必须足够简单和稳健。简单不仅意味着容易被理解，同时也意味着容易被实施；而稳健则要求政策框架在面对不确定和非预期的结构性变化时，依然是有效的。稳健性是任何一个政策框架的基石，对新的政策框架而言尤其如此。作为一项改革中的事物，宏观审慎及其政策框架还远远没有达到成熟和被充分检验的程度，因此在政策实践中出现一定程度的模糊性是不可避免的，但随着时间的推移，经验将有助于对宏观审慎政策的实践方案进行持续的修正和完善。

## （四）宏观审慎政策与其他经济金融政策的关联

由于宏观审慎政策主要关注的是金融和经济的整体失衡，因而在宏观审慎政策的实施过程中，必定内生地包含着监管政策与货币政策、财政政策、汇率政策等宏观经济政策的协调与配合。就货币政策而言，中央银行对货币供应量的调节或者通过相机抉择的利率政策来控制普遍的经济过热，本来就是宏观审慎政策体系的一部分。虽然宏观审慎政策被认为在抑制某些特定领域（如房地产）的失衡方面更为有效，但当整个宏观经济的过热情况都非常严重时，借助货币政策的力量予以配合几乎是必然的选择。

对于财政政策而言，在经济上行期，一些特定的财税手段，如房地产税、利息税、证券交易印花税等，在抑制泡沫和削弱金融顺周期性方面具有某些与宏观审慎政策类似的作用；在经济下行期，尤其是当经济遭受非正常的意外冲击时（或者在衰退或萧条期），货币政策启动经济的效果非常有限，此时财政政策在促进经济的稳定和复苏方面具有某些不可替代的重要作用。在实践中，财政部门参与宏观审慎政策体系的另一个重要理由是，财政稳健性通常被认为是一国金融和宏观经济稳定的重要支柱，而金融不稳定造成的成本大多数时候也最终由国家财政买单。此外，宏观审慎政策的一些实施工具，典型的如动态拨备政策，一般也需要得到财政部门的认可才能付诸实施。

汇率政策在宏观审慎政策框架中也有相应的位置，它不仅与货币政策的实施存在密不可分的关系，还会影响到贸易平衡和资产价格的稳定，进而对整体的金融稳定产生重要影响。许多新兴经济体的案例研究表明，在采取区间浮动的汇率制度时，资本管制成为金融稳定的一道"防火墙"，并且为货币政策的独立性赢得了空间。

此外，从长远来看，宏观审慎政策框架不仅包括国内层面的协调统一，还应包括国际层面的协调统一。尤其是在全球经济和金融一体化的条件下，各国的金融市场彼此联接，为了抑制金融体系中的过度风险累积，非常有必要建立一个全球的宏观审慎政策体系。如果在一个一体化的市场中，继续存在全球金融监管结构的分割和信息共享机制方面的障碍，那么，各国监管差异所造成的国际监管套利行为势必引发新的金融不稳定。

# 第二章
# 宏观审慎政策的目标与工具

## 一、宏观审慎政策的目标体系

### （一）宏观审慎政策的最终目标

1. 最终目标的基本界定

在上一章，我们已经指出，宏观审慎政策是在传统的货币政策和微观审慎监管都不足以确保金融稳定的历史背景下产生的，因此，致力于实现金融稳定就自然成为宏观审慎政策的核心目标。不过，区别于微观审慎监管主要从个体（微观）角度维护金融稳定，宏观审慎政策更加侧重于宏观金融稳定，即从宏观层面维护金融体系的整体稳定。

不过，宏观金融稳定是一个相对比较笼统的概念，为使得政策目标在理解上更加明确具体，实践中也常常从金融稳定的"反面"去定义宏观审慎政策的目标，即宏观审慎政策的目标是要"避免金融不稳定"，而金融不稳定有一个重要表现——金融危机，同时还有一个基本原因——系统性风险的过度积累，因此，宏观审慎政策的最终目标也常常表述为：有效防范系统性风险，实现金融体系的整体稳定。

2016年8月，IMF、FSB和BIS联合发布了《有效宏观审慎政策要素：国际经验与教训》的报告，对宏观审慎政策进行了如下定义：宏观审慎政策利用审慎工具来防范系统性风险，从而降低金融危机发生的频率，减弱其影响程度。美国、欧洲、英国等主要经济体在危机后都对构建宏观审慎政策管理架构进行了一些尝试，虽然在具体操作框架方面各有不同，但本质上大同小异，都是以维护金融稳定和防范系统性风险作为宏观审慎政策的最终目标。

2. 最终目标的三个层次

要深刻理解宏观审慎政策的宏观金融稳定目标，还需要从金融风险的形成机理入手。一般而言，引发金融不稳定的系统性风险并不是瞬间生成的，而是有一个（通常缓慢的）持续的时间积累过程。同时，系统性风险作为金融市场机制的内生性产物，始终是随市场存在的（并不会因为政策干预而彻底消失），并且一定程度内的系统性风险也是完全正常和无害的，因此，在实际操作中，宏观审慎政策围绕风险程度实际上可以划分为三个主要阶段：（1）事前阶段，即系统性风险缓慢积累，但尚未触发金融不稳定或风险关注事项，此时并不需要实质性的政策工具应对；（2）事中阶段，即系统性风险积累到了一定程度，并且出现了一些金融不稳定的苗头或风险点，此时需要采用风险抑制类工具予以应对；（3）事后阶段，即系统性风险的积累已经触发了金融不稳定事件或金融危机，此时只能使用危机抑制类的政策工具予以应对。

在上述三个主要阶段中，根据风险性质和程度的不同，宏观审慎政策的最终目标落实在"宏观金融稳定"的具体指向上还是有一定差异的。首先，在事前阶段，由于系统性金融风险尚在合理和正常的范围之内，因此，宏观审慎政策的主要目标是"风险预警"，即通过关注和监测系统性风险的状态和演变，确保系统性风险始终不越过可能导致金融不稳定的临界点；在事中阶段，由于事实上的金融不稳定或风险点已经出现，因此，宏观审慎政策的主要目标是"风险管理"，即根据金融失衡的对象、性质和程度，通过针对性地使用相应的政策工具，及时控制和减轻金融不稳定程度，使其逐步回归正常状态；在事后阶段，由于金融危机（或重大金融不稳定事件）已经发生，因此，宏观审慎政策的主要目标是"危机控制"，即通过使用最后贷款人等救助工具，抑制市场恐慌情绪，促进金融体系尽快恢复正常，同时尽可能地减小危机对金融体系、实体经济和社会运转的损害。

根据上述三个阶段动态管理风险的思路，广义的宏观审慎政策目标可进一步概括为：通过有效监测、识别和管理系统性风险，维护金融体系的整体稳定，同时降低金融危机等意外事件所可能导致的时间、经济和社会成本。不过需要强调的是，由于宏观审慎政策的理想诉求是"防患于未然"，而不是等危机出现了才开始解决问题，因此，事前和事中的目标是关键和核心，这也是所谓狭义上的宏观审慎政策目标。

3. 最终目标的一致性和明确性

宏观审慎政策最终目标的一致性是指宏观审慎政策在决策和实施过程中的最终目标必须明确和保持稳定，即始终以维护整体的金融稳定作为宏观审慎政策的核心或唯一的目标，避免与其他经济金融政策的主要目标相冲突。国际清算银行（BIS）的报告指出，宏观审慎政策的目标设定要注意避免偏离使命，确保其目标不会从维护金融稳定转向诸如管理经济周期等其他目标。政策目标设定的多元化不仅会对宏观审慎政策维护金融稳定的初衷造成干扰，同时还有可能造成政策运用的混乱，不利于宏观审慎政策与货币政策和财政政策等其他经济金融政策之间的合理分工和协调配合。

宏观审慎政策最终目标的明确性是指，像其他任何一种成熟的宏观经济和金融政策一样（典型的如货币政策），宏观审慎政策要最终发展成为规范的、有章可循和稳定可靠的"政策科学"，就必须寻找和确立一个足够明确的具体盯住对象。不过，由于宏观审慎的最终目标——金融稳健——本身是一个综合的、多维度的概念，这使得其很难找到一个现成的类似于 CPI 或 GDP 那样简明扼要、可以量化的盯住对象。BIS 的报告指出，尽管宏观审慎框架旨在增强金融稳健性、减轻系统性风险，但目前还没有可靠的、较为直接的方法衡量目标如何实现。除泰国外，还没有一个国家直接监测系统性风险，理由是缺乏可靠的指标。

尽管如此，关于宏观审慎可以盯住的金融稳健指标的研究一直都在持续，目前正在被广泛讨论和尝试的方式包括：一是基于覆盖整个金融体系不同维度的关键金融指标，采用结构化的方法分层次构建分项指数，最后形成综合指数用于显示整体的金融稳健状况（同时分项指数可作为重要的中间目标或监测指标）；二是基于各种模型或方法构建能够反映金融体系脆弱性程度或系统性风险积累程度的指标或指数，并将其作为衡量金融稳健状况的反向量化指标；三是采用为数不多的几个具有关键代表性的金融变量（如信贷、信用利差、资产价格等）作为金融稳健的指示器和宏观审慎政策的盯住对象。综合考虑理论基础和实践的可行性、可验证性和可完善性，从目前来看，第一种方式相对较优。

## （二）宏观审慎政策的中间（操作）目标和监测指标

鉴于宏观金融稳定这一最终目标的系统性和综合性，宏观审慎政策的中间目标和操作目标体系在理论上也应该有更多的层次，并且可以从不同角度予以划分和界定。此外，由于监测金融稳定（系统性风险）所需信息的多样性和复杂性，宏观审慎政策决策所需的指标体系通常需要涵盖大量的监测指标。

1. 中间目标和操作目标

与货币政策等传统宏观经济政策通常有比较明确的中间目标不同，到目前为止，宏观审慎政策尚未形成具有共识性的中间目标。从一般性的定义来看，政策的中间目标一般是指在该种政策的最终目标和操作目标之间所插入的一个用于连接操作目标和最终目标的目标。照此定义，宏观审慎政策的中间目标应该是与其最终目标（宏观金融稳定）明确关联且比其低一个层次的目标。

因此，如果我们把宏观金融稳定定义为整个金融体系的稳定，那么一个显而易见的选择是，可以从金融体系的构成部分这个"结构性"的角度来定义宏观审慎的"中间目标"：比如，如果一国的金融体系可以划分为银行部门（金融机构）、证券市场（股票市场、债券市场和衍生品市场等）、外汇市场和房地产市场（基于其金融属性），那么整个金融体系的稳定就意味着上述各个结构性组成部门（市场）的稳定，于是，宏观审慎政策的一个"中间目标系列"就可以是：银行部门（金融机构）稳定、金融市场稳定、外汇市场稳定和房地产市场稳定。显而易见，上述任何一个部门（市场）的不稳定都会对金融体系的整体稳定产生直接影响，因此，基于上述结构性部门（市场）定义中间目标，符合中间目标与最终目标明确关联的基本条件。

关于宏观审慎政策的中间目标，另外一种被讨论的思路是将其定为"防范和应对系统性风险"（操作目标相应分为时间和跨部门两个维度）。不过，从实践操作来看，这一思路存在两方面比较明显的问题：一是系统性风险本身就是宏观金融稳定这一最终目标的"反向陈述"，在很大程度上与宏观审慎的最终目标其实是"同一枚硬币的两面"，因此，以其作为中间目标会导致最终目标和中间目标的界线模糊，而目标的模糊会给政策实践带来相应的麻烦；二是系统性风险在技术上很难被准确度量，已有的相关量化指标在实践对比检验过程中所反映出来的稳定性较差，容易发出错误信号或者给出前后不一致的"令人困惑"的判断，在可测性和可控性都不强的情况下，系统性风险很难作为宏观审慎政策可以持续"锚定"的中间目标。

在宏观审慎政策的操作目标方面，从理论上看，一种政策的操作目标是指介于政策工具和中间目标之间的、政策工具可以直接影响且与中间目标存在明确关联的目标。根据这一定义，显而易见，操作目标是与具体的政策工具相关联的。换言之，宏观审慎政策的操作目标需要视不同的政策工具而定。比如，逆周期资本缓冲（countercyclical capital buffer，CCyB）的操作目标是金融机构的资本充足率水平，动态贷款损失拨备（dynamic loan loss provisioning）的操作目标是金融机构的不良贷款拨备覆盖率水平，杠杆率的操作目标是金融机构的杠杆率水平，信贷增长上限（caps on credit growth）的操作目标是金融机构的信贷增长率，流动性覆盖率的操作目标是无抵押的优质流动性资产比率，大额敞口限制（large exposure limits）的操作目标是金融机构对任何单一对手方或相互关联对手方组成的集团的敞口占其核心资本（一级资本）的比例，等等。

当然，从理论上看，也可以考虑从金融体系功能的角度来定义和选择宏观审慎政策的中间目标和操作目标，但金融功能的定义较之金融结构的定义通常更为模糊，因而可操作性似乎更差一些，加之世界各国目前已有的很多宏观审慎监测指标体系也是按照金融体系的结构性部门进行构建的，因此，综合来看，结构性的中间目标定义可行性相对更高。

2. 监测指标体系

如前所述，金融稳定是一个多维度的综合概念，因此，在确定了相关最终目标和中间目标之后，还需要有一系列基础性的监测指标对最终目标和中间目标的衡量和判断形成有效支撑。在基础指标和目标之间关联性非常清晰的情况下，基础性监测指标甚至可以直接用于形成或合成宏观审慎政策的目标"盯住"变量（即中间目标变量和最终目标变量）。从实践来看，近年来关于宏观审慎监测指标的研究明显增多，比较具有代表性的包括：IMF的金融稳健指标体系（financial soundness indicators, FSIs）、美国金融研究所（the Office of Financial Research, OFR）的金融稳定监测器（financial stability monitor, FSM）、欧盟的宏观审慎数据库（macroprudential database, MPDB）和风险指示集（risk dashboard）以及新西兰中央银行的宏观审慎指标体系（macro-prudential indicators, MPIs）等。

（1）IMF的金融稳健指标体系。IMF的金融稳健指标体系（FSIs）是国际上出于维护金融稳定目的最早建立的，也是影响力最大、应用最广泛的指标体系。IMF于2006年发布了《金融稳健指标编制指南》，标志着FSIs正式形成。2013年，基于2008年金融危机的教训，同时吸收《巴塞尔协议Ⅲ》的相关思路，IMF对2006版FSIs进行了改进，将原有指标体系扩展至17个核心组指标与35个附加指标，共计52个。随着FSIs的不断完善，其全球影响力不断上升，数据报送国从最初的G20国家发展至100多个国家和经济体。

对比2006版本和2013版本，可以看出以下变化：一是核心组指标中加入了房地产市场指标（住房价格同比增长率，I17），增强了对房地产市场的关注；二是核心组指标中新增多个与《巴塞尔协议Ⅲ》相关的指标，如一级普通股/风险加权资产（I03）、净稳定资金比率（I15）、准备金/不良贷款（I07）等，同时将资本/资产（I04）从过去的鼓励组转至核心组；三是增加了其他金融公司的指标数目，针对货币市场基金、保险公司、养老基金和其他类型的金融公司分别增加了数量不等的附加指标；四是强调对企业偿债能力的关注，加入了资产回报率（I41）、收入/利息支出（I44）、流动资产/总资产（I45）、债务/GDP（I46）四个非金融企业附加指标；五是增加了家庭部门债务/可支配收入（I49），用于监测家庭部门的债务风险。

（2）美国金融研究所的金融稳定监测器。金融稳定监测器（FSM）是美国金融研究所（OFR）2013年开发的一个用于系统分析金融稳定状态的指标体系。FSM将风险分为宏观经济、金融市场、信贷、流动性以及传染性五种，并以热图（heat map）的形式呈现结果。从2015年起，OFR在其官网上专设了FSM版块，每半年进行一次数据更新。FSM对体系稳健性与风险的评估基于其基础指标体系（目前约有60个指标），并根据监测的风险将指标具体划分为五大类（宏观经济、市场、信贷、资本供给与流动性、传染性风险）。OFR认为，维护金融稳定的要旨不在于抑制市场波动或是通过预测来阻止冲击事件的发生，而在于增强体系本身的稳健性（resilience），因此，OFR在建立其金融稳定监测机制时强调，其关注焦点在于体系的脆弱性，而不在于对体系造成影响的具体冲击。

总体来看，FSM指标集具有以下特点：一是指标覆盖面广，除反映美国本土经济金融信息的指标外，还包括国际指标，并且全面覆盖了政府、家庭、非金融公司、银行与非银行金融机构；二是指标类型多样，除一般统计指标外，还包括通过调查、市场机构等渠道收集的指标，以及通过数量模型构建的指标；三是指标数据频率与时间跨度要求更严，且偏向于选择数据频率较高与时间序列较长的指标（如目前的指标大多为从1990年开始的月度数据）；四是对指标的研究比较深入，例如在对不同风险进行综合评分时，会根据每个指标对具体风险的监测表现，进行不同的权重配置；五是重视数据指标的动态完善，明确规划对指标集的改进工作。

（3）欧盟的宏观审慎数据库和风险指示集。欧盟目前有两个与宏观审慎相关的指标框架：欧洲央行的宏观审慎数据库（MPDB）和欧洲系统性风险委员会（European Systemic Risk Board，ESRB）发布的风险指示集。宏观审慎数据库是欧洲央行为了宏观审慎分析需要专门建立的一个综合性的数据库，强调对金融危机的解释和预测功能，几乎覆盖了当前国际上宏观审慎领域中可能使用的全部指标，具有非常强的借鉴意义。该数据库共分为七个模块，包括：宏观经济与金融市场变量、债务与广义信贷变量、住宅变量、商业地产变量、银行业变量、非银行金融部门变量和关联性变量，每个模块包含数量不等的指标，共 240 个左右。为了保证数据库的适用性，欧洲央行会不定期对指标进行更新，但总体结构基本保持稳定。

欧盟范围内使用的另一个宏观审慎指标体系是 ESRB 发布的风险指示集。该体系包含七大类指标，分别是系统性风险合成指标、宏观经济风险指标、信贷风险指标、资金供给与流动性指标、市场风险指标、盈利能力与偿债能力指标、结构性风险指标，每类包含数量不等的具体指标，总共 56 个。与 MPDB 重视数据指标的基础性和全面性不同，ESRB 的风险指示集更偏重于应用，其主要的数据来源为 MPDB，但大多数指标都是加工处理后的指标，如系统性压力综合指标（composite indicator of systemic stress，CISS）就是由 15 个基础指标合成的用于反映整体系统性风险状况的综合指标。

（4）新西兰中央银行的宏观审慎指标体系。新西兰中央银行于 2014 年 3 月公布了宏观审慎指标体系（MPIs）。MPIs 在构建过程中遵循以下原则：一是鉴于银行类金融机构在新西兰经济中的重要地位，对银行业相关指标给予特别关注；二是指标体系需要能够实现对系统性风险集聚过程、金融系统压力程度、金融系统吸收风险的能力等多个领域的识别；三是基于对宏观审慎政策溢出效应的认识，强调宏观审慎指标不仅要服务于政策工具的部署策略，还要能够用于评估政策的退出时机。

从结构上看，MPIs 包括早期预警指标、银行化解风险能力指标和金融系统压力指标三个子指标体系，目前是在危机发生的前、中、后期能对风险进行全面跟踪和评估。其中，早期预警指标的运用主要是在危机发生前期，银行化解风险能力指标的运用贯穿全部时期，金融系统压力指标主要是同步指标与滞后指标，用于监测危机时期的金融市场压力状况。2015 年，新西兰中央银行对 MPIs 指标进行了调整完善，引入了更多监测重要部门风险状况的指标，目前整个指标体系包含 34 个指标，其中预警指标 24 个，金融压力指标 7 个，系统化解风险能力指标 3 个。

### 3.基于国情的指标体系构建

宏观审慎政策作为一个制度框架，其核心是要从"事前、事中和事后"全程实现对系统性风险的有效管理，从而最大程度地维护整体的金融稳定。从理论上看，金融稳定的量化处理只能通过对系统性风险的各种测量来确定，具体的测量指标可以从多个部门或者多个维度进行筛选，并经过必要的处理后使用。在技术上，由于风险是一个相对性的概念，因此，无论是基础指标还是计算或合成的指标，都首先需要确定作为参照基准的正常状态（合理水平），然后进一步界定"失衡"的标准、范围和程度，以区别正常的变化和异常的波动。

在现实中，为增强宏观审慎政策操作的有效性，每个国家都应基于特定的国情，特别是根据本国经济金融体系运行的内在规律和特征，设计出一套适合于本国金融稳定监测、分析和评估的宏观审慎指标体系，重点关注每一个指标相对其合理水平的偏离程度。在操作时机的选择上，由于系统性风险的形成、积累和传导机理十分复杂，且具有高度的不确定性，这使得关于金融不稳定（金融危机）的简单

"时点预测"几乎没有任何实际意义。在实践中，为增强可操作性，政策选择可考虑从寻找"明斯基时刻"（Minsky moment）走向寻找"明斯基区域"，即通过建立一个政策启动的"时间窗口"区域（而不是时点），有弹性、有余地、前瞻性地进行政策规划和设计。

## 二、宏观审慎政策的工具体系

### （一）政策工具设计的两个基本维度

与系统性风险的成因相对应，2008年金融危机之后，宏观审慎政策工具的设计主要从两个基本维度展开：一是时间维度，即控制或降低金融体系的"过度顺周期性"；二是跨部门维度，即控制或降低某一时点上金融机构的相互关联性和共同风险暴露。这两个维度与金融风险的时变敏感性和金融活动的网络效应密切相关。

1. 时间维度

从时间维度来看，宏观审慎政策要重视风险的时变敏感性，即金融体系的内生性风险随着时间（经济金融周期）而动态变化。通常情况下，金融繁荣在危机爆发前已经持续了较长时间，当市场主体对风险的判断越来越乐观时，其风险容忍度也将随之不断升高，其结果是：资产价格和债务杠杆螺旋式上升，导致整个金融体系出现过度的风险承担。在此过程中，金融失衡的累积不可能永远持续，资产负债表的调整最终一定会发生。当某种外部冲击来临时，危机会以流动性短缺的形式出现，并随着市场信心的逆转而变得越发严重。针对这种源于金融体系顺周期性的系统性风险，主要问题在于政策框架是否并且能在多大程度上抑制金融体系的过度顺周期性。

在顺周期机制下，由于风险在经济上行期逐渐增加，而在衰退时期集中释放，因此，新的宏观审慎工具应充分考虑风险的这种时变特征和非线性影响，在经济上行期建立防御机制以备困难时期使用，从而使系统能够更好地吸收潜在冲击，并有效限制金融失衡积累的规模，增加金融体系和宏观经济运行的整体稳定性。根据这一思路，主要宏观审慎工具的开发都旨在体现"逆风向调节"原则，如：逆周期的资本调节机制和动态拨备制度，在会计准则、杠杆率和薪酬制度等金融制度安排中植入逆周期因素，以及通过监管评估过程或信息披露标准影响风险和定价行为的其他工具。这些工具旨在经济衰退、银行资产收缩的阶段降低拨备和资本要求，以缓解信贷紧缩、平滑经济波动；同时，在经济快速增长、银行资产扩张过快的阶段增加拨备和资本要求，以加强风险防范，提高金融持续支持经济发展的能力。考虑到无论是在银行主导的国家还是那些资本市场比较发达的国家，银行都位于信用中介过程的中心，因而，建立更大的缓冲区使银行部门能够承受严重的冲击是非常必要的，更大的缓冲区将有助于防止金融和实体经济之间冲击的扩大。

2. 跨部门维度

从跨部门维度来看，宏观审慎政策涉及整个金融体系在某个特定时间点的风险分布状况，因而特别需要关注各个金融机构的投资组合和金融产品风险之间的关联性。也就是说，宏观审慎政策需要考虑不同机构间相互影响所导致的系统性风险，通过加强对具有系统重要性金融机构的监管、改进对交易对手的风险计量和控制等手段来维护金融体系的整体稳定。

从机理上看，如果金融机构持有相似的风险头寸，那么当针对特定风险暴露（如房地产投资或抵押）的冲击到来时，一旦所有的金融机构同时采取类似的降低风险暴露的措施，问题资产的市场流动性将显著下降，这不仅会使降低风险暴露的努力难以奏效，还将导致损失进一步扩大。这种现象被称为"拥挤交易"（crowded trade）。如果"拥挤交易"是因为市场主体对经济走势的判断趋同而导致的，那么它同样可以因为风险管理模式的趋同而促成。对于没有充足资源开发独立风险管理工具的金融机构而言，模仿其他金融机构的风险管理工具就成了一种普遍现象。在这种情况下，不仅金融机构对特定资产的风险暴露是相似的，而且其相关交易的期限也将变得更加同步，这将导致市场的波动性进一步加强。

对于系统性风险的集中和跨部门分布，关键问题是如何管理金融机构所面临的共同风险暴露，这涉及在经济上行期收紧对特定行业风险暴露的资本要求。此外，由于不同的机构具有不同的系统重要性，因而应根据个体机构对系统性风险的贡献程度调整宏观审慎政策工具，提高系统性风险相对于异质性风险的权重。有助于实现上述目标的宏观审慎政策工具包括：一是减少系统重要性机构倒闭的可能性，具体工具包括对系统重要性机构的附加资本要求（capital surcharge）、附加流动性要求（liquidity surcharge）以及法律和运营结构方面的监管要求；二是提高金融体系的危机应对和处置能力，具体工具旨在完善有序处理倒闭机构的程序，构建事前的危机应对机制、应急计划、监管合作和信息共享安排等；三是强化金融制度和金融市场，相关工具旨在完善金融基础设施，减少金融机构的相互关联程度。

## （二）政策工具的分类及运作机理

宏观审慎政策目标的实现离不开一整套政策工具的支持。本小节对一些具有代表性的宏观审慎政策工具及其运作机理进行简要说明。

1. 宏观审慎政策工具的主要分类

关于宏观审慎政策工具的分类，目前在学术研究和监管实践中有多种分类方式。除按照上节所述的"时间维度"和"跨部门维度"进行工具分类外，还有很多其他不同角度的分类。

（1）按照工具性质分类。根据这一分类标准，宏观审慎政策工具可分为定量工具和定性工具，定量工具是可以通过定量指标予以量化的工具，如逆周期资本缓冲、动态拨备、对系统性重要金融机构的资本和流动性附加要求、贷款价值比率（loan-to-value，LTV）和债务收入比率（debt-to-income，DTI）等工具；定性工具主要指监管干预、公开声明等难以量化的宏观审慎政策工具。

（2）按照目标对象分类。根据这一分类标准，现有的宏观审慎工具大致可分为三类：一是影响贷款人行为的工具，比如逆周期资本要求、杠杆率及动态拨备等；二是影响借款人行为的工具，比如LTV和DTI等工具；三是影响国际投资者行为的工具，如资本管制等相关工具。

（3）按照作用渠道分类。根据这一分类标准，宏观审慎政策工具可分为资本相关工具、信贷相关工具和流动性相关工具。资本相关工具主要包括逆周期资本缓冲、动态拨备和限制利润分配等工具；信贷相关工具主要包括LTV、DTI、外币贷款上限控制和信贷增长上限等工具；流动性相关工具主要包括净稳定资金比率（net stable funding ratio，NSFR）、核心融资比率（CFR）、货币错配限制（NOP）、期限错配限制和准备金要求（reserve requirement，RR）等工具。

（4）按照管理的风险类型分类。根据这一分类标准，宏观审慎政策工具可分为四类：一是应对信用过度扩张和高杠杆的工具；二是应对期限错配和流动性风险的工具；三是应对系统重要性金融机构和金融体系内风险传染的工具；四是应对部门性金融风险的工具（见表2-1）。

表2-1 基于应对风险类型的宏观审慎政策工具分类

| 风险类型 | 宏观审慎政策工具 |
|---|---|
| 应对信用过度扩张和高杠杆 | 逆周期资本缓冲（countercyclical capital buffer，CCyB） |
| | 杠杆率（leverage ratio） |
| | 动态贷款损失拨备（dynamic loan loss provisioning） |
| | 信贷增速上限（caps on credit growth） |
| 应对期限错配和流动性风险 | 流动性覆盖比率（liquidity coverage ratio） |
| | 净稳定资金比率（net stable funding ratio） |
| | 贷存比率（loan-to-deposit ratio） |
| | 贷款与稳定资金比率（loan-to-stable-funding ratio） |
| | 准备金要求（reserve requirement） |
| | 流动性费用（liquidity charge） |
| 应对系统重要性金融机构（SIFIs）和金融体系内风险传染 | 对SIFIs的附加资本要求（capital surcharge） |
| | 对SIFIs的附加杠杆率要求（supplementary leverage ratio） |
| | 对SIFIs的流动性附加要求（liquidity surcharge） |
| | 大额敞口限制（large exposure limits） |
| | 中央对手方清算机制（central counterparties clearing，CCP） |
| | 保证金要求（margin requirement） |
| 应对部门性金融风险 | 部门性资本要求（sectoral capital requirement） |
| | 贷款价值比率（loan-to-value ratio） |
| | 偿债收入比率（debt service to income ratio） |
| | 债务收入比率（debt to income ratio） |
| | 外汇风险敞口限制（foreign exchange exposure limits） |

（5）按照工具初始来源分类。根据这一分类标准，IMF将其划分为"专属类工具"和"调整类工具"。专属类工具主要指为防范和化解系统性风险而量身定做的政策工具；调整类工具是指最初并不用于应对系统性风险（属于微观审慎监管或宏观经济管理工具），但经过调整后可用于防范系统性风险的相关工具。

（6）按照作用阶段分类。从广义宏观审慎政策的角度，根据系统性风险管理的事前、事中和事后三个阶段,宏观审慎政策工具可对应分为三大类:一是第一阶段(系统性风险形成前)的监测预警类政策工具,包括金融稳健指标、早期预警模型、宏观压力测试模型、传染和蔓延模型等具体工具;二是第二阶段(系统性风险形成过程中)的应对管理类政策工具,包括如前所述的时间维度和跨部门维度的大部分工具;三是第三阶段(金融危机发生后)的处置救助类政策工具,包括中央银行的流动性救助、财政直接救助和金融安全网等。

2. 代表性的政策工具及其运作机理

从上面的宏观审慎政策工具的各种分类标准来看,大部分分类都是基于狭义宏观审慎政策工具的概念进行划分的,即主要考虑的是第二阶段(系统性风险形成过程中)的系统性风险管理工具。为对宏观审慎政策工具体系形成一个较为全面的认识,本小节基于上述第六种分类,从广义角度对主要的宏观审慎政策工具进行简要说明。

(1)第一阶段"防患于未然":早期监测和预警工具。宏观审慎政策的最终目标是维护金融稳定,而最佳选择是"防患于未然",即将各种金融不稳定因素尽可能地控制在市场可以自发吸收和承受的合理范围之内,降低系统性金融风险和金融危机的发生概率。这就要求政策当局采用相关工具对金融体系的风险进行及时有效的追踪和监测,并适时予以评估和预警。此类政策工具一方面可以使政策当局全面、系统和动态地掌握有关金融稳定的相关情况,为后续可能的政策操作奠定信息基础;另一方面,基于此类工具发布的评估报告和指引可以在一定程度上激发市场的自我风险控制,从而降低实际实施宏观审慎政策的必要性。从目前来看,除 IMF 的金融稳健指标体系外,比较典型的早期监测和预警类工具还包括早期预警系统(early warning system)、宏观压力测试(macro stress testing)和网络关联模型(network model)等。

1）早期预警系统。早期预警系统通常以一些关键的宏观经济和金融指标作为解释变量，主要关注金融危机的触发条件，并对可能发生的危机事件进行预测。在预测方法上，大部分早期预警系统模型都遵循"信号法"，该方法包括五个基本步骤：确定历史上危机事件的时间，选择预测危机的先行指标，设定被选择先行指标的临界值，构造综合指标，预测危机。尽管研究表明，早期预警模型在金融危机的前瞻性预测方面表现不佳，但这并不能否定其所提供的预警信息的参考价值，因为宏观审慎的政策目标并不是预测危机，而是防范危机。

2）宏观压力测试。宏观压力测试是指用来评估罕见但有可能发生的宏观冲击对金融体系稳定性影响的一系列技术方法的总称。宏观压力测试是一种前瞻性的评估方法，其优势在于能模拟和有效评估潜在金融危机等极端事件对金融体系稳定性的影响。宏观压力测试一般包括六个步骤：指出所关注领域的特定潜在风险，构建相应的情景模式，将情景对应为金融机构可以用以分析的形式，进行数值分析，考虑其他间接影响，归纳总结及进行结果分析。

3）网络关联模型。2008年金融危机后，从整体性和关联性的角度来量化分析系统性金融风险的模型日益增多。此类模型旨在识别具有系统重要性的金融机构，同时捕捉单个机构风险对系统性风险的边际贡献，从而帮助政策当局更好地实施逆周期调控。IMF（2009）开发了包括网络关联模型、违约强度模型（default intensity model）、共同风险模型（co-risk model）和危机依存度矩阵模型（distress dependence matrix model）在内的四种用于评估金融机构关联性的定量分析模型，这些模型从多个视角对金融机构之间的关联机制和风险传导机制进行了研究。

（2）第二阶段"水来土掩"：中期应对和管理工具。所谓中期应对和管理工具,是指在系统性风险已经积累到一定程度、金融不稳定的苗头已经显露的情况下,政策当局可以使用的、对风险进行积极管理的工具。一般认为,此类工具构成了宏观审慎政策工具的"主体",其目标是针对性地及时控制和管理各类金融风险,确保不发生可能造成重大损失的金融危机或金融不稳定事件。如前所述,此类政策工具主要从时间和空间(跨部门)两个维度控制和降低系统性金融风险。由于此类工具数量庞大,下面主要选取一些具有代表性的工具进行简要说明。

1)留存资本缓冲(capital conservation buffer)。为纠正金融体系的过度顺周期性倾向,巴塞尔银行监管委员会在2010年9月12日公布的《巴塞尔协议Ⅲ》中,引入了两种类型的资本缓冲工具:留存资本缓冲和逆周期资本缓冲。巴塞尔银行监管委员会同时规定,对于未满足留存资本缓冲和逆周期资本缓冲的银行,监管当局应采取措施限制银行的利润分配,包括限制普通股分红与股份回购、可自主发放的其他一级资本收益和自主支配的员工奖金等。

留存资本缓冲是指银行在压力期外持有的高于最低资本要求的超额资本,其主要目标在于使银行在经济下行期仍能拥有足够的资本,以抵御潜在的损失。留存资本缓冲的最低要求是风险加权资产(risk weighted assets,RWA)的2.5%,并全部需要以核心一级资本(普通股或留存收益)满足。根据巴塞尔银行监管委员会提出的强制性最低资本留存比率,银行的留存资本缓冲水平越低,其需要留存的利润比率就越高(见表2-2)。很明显,留存资本缓冲在本质上是以限制利润分配的形式来迫使银行补充资本,尤其要避免银行在危机期间还慷慨地以发放股利、员工红利等形式将资本(或保留盈余)分配出去,从而对金融体系的稳定性和公平性造成伤害。

表2-2 巴塞尔银行监管委员会提出的最低资本留存比率

| 普通股一级资本比率（%） | 最低资本留存比率（%）<br>（用未分配利润的百分比表示） |
| --- | --- |
| 4.5～5.125 | 100 |
| 5.125～5.75 | 80 |
| 5.75～6.375 | 60 |
| 6.375～7.0 | 40 |
| >7.0 | 0 |

总体来看，留存资本缓冲的首要目标虽然是增强单个金融机构的稳健性，但其内在的顺周期缓释作用同时使其具备了宏观审慎的内涵。因此，该工具常被视为兼具宏观审慎和微观审慎功能的政策工具。

2）逆周期资本缓冲（CCyB）。较之留存资本缓冲，逆周期资本缓冲在抑制金融体系顺周期性方面的目标更为直接和明确。实际上，逆周期资本缓冲常被视为《巴塞尔协议Ⅲ》中最具有代表性的工具之一。逆周期资本缓冲的理论基础在于，过度的信贷扩张通常会造成金融体系的不稳定甚至金融危机，因此，有必要建立一个具有逆周期性质的资本缓冲机制，在出现信贷过度扩张时发挥某种类似于"自动稳定器"的功能。根据《巴塞尔协议Ⅲ》的规定，银行的逆周期资本缓冲规模应当在风险加权资产的0至2.5%之间，且由核心一级资本（common equity tier 1）提供。

从逆周期资本缓冲的运作方式来看，该工具的实施需要首先解决"挂钩变量"的选择问题，即逆周期资本缓冲的计提时间和数量参照什么具体变量的变动予以确定。巴塞尔银行监管委员会经过研究，推荐使用"信贷/GDP"（或广义信贷/GDP）比例对其长期趋势值的偏离（GAP）来决定计提逆周期资本缓冲的水平：当GAP低于一定数值时，要求银行在最低资本要求的基础上，额外计提资本缓冲；当

GAP 高于一定数值时（或在满足其他一定条件时）允许银行释放资本缓冲，以满足经济下行周期的信贷需求，防止信贷过度紧缩。不过，很多研究表明，逆周期资本缓冲的"挂钩变量"选择并没有"一刀切"式的适用于所有国家的统一指标，各个国家应该根据自身国情确定合适的"挂钩变量"。

在实践中，运用"信贷/GDP"指标和其他信息进行逆周期资本决策时，政策当局还应注意避免这些指标和信息可能产生的误导。比如，信贷/GDP 对其长期趋势值的偏离是一个纯统计意义上的结果，难以有效捕捉"拐点"，因而监管当局在参考该指标时应充分运用判断。此外，巴塞尔银行监管委员会还指出，只有在一国信贷高速增长、导致系统性风险不断增加时才需计提逆周期资本，因此，对于大多数国家而言，逆周期资本并不会被频繁使用，启动的时间间隔可能长达 10~15 年。此外，应充分认识资本在平滑经济周期和调控信贷中作用的有限性，逆周期资本的首要目标是保护银行业免受信贷过度投放和系统性风险所导致的损失，而不是熨平经济周期、直接调控信贷或者约束单家银行的信贷扩张。

3）动态拨备。当经济出现好转时，每一家银行机构都会具有进一步扩张信用的内在冲动，这会促使房地产、股票等资产价格的快速上涨。通过采用动态拨备政策，在经济上行时期，政策当局就可以要求银行机构提高拨备水平，限制信贷扩张；在经济下行时期，可以要求银行机构降低拨备水平，增加信贷投放。动态拨备的政策可以使银行更好地抵御非预期损失，同时也可以为中央银行实施相应的（从紧或宽松）货币政策提供支持。

从实践来看，动态拨备制度最早于 2000 年在西班牙付诸实践。随后，葡萄牙在国内金融业中强制推行该制度，澳大利亚和新西兰政策当局也鼓励商业银行使用该制度。动态拨备制度总体上是一种基于

"规则"的制度，要求银行在经济上行期建立一般损失拨备（general provisions），以备经济衰退时提用。一般损失拨备用于补充专项拨备（specific provisions），后者用以吸收已经出现不良迹象的问题贷款，从而反映对银行潜在信用风险的事前估计。经济扩张时期，不良贷款比例低，事后计提的专项拨备小于潜在的信用风险，银行应建立一般损失拨备；经济衰退时期，不良贷款比例高，专项拨备不足以覆盖贷款损失，动用事前提取的一般损失拨备来弥补。动态拨备每季从损益账户中提取。

从动态拨备制度的运作方式来看，当银行发放一笔抵押贷款后，即使当前没有任何迹象表明此笔贷款有可能成为问题贷款，也必须根据对该种贷款发生损失的历史经验数据建立相应的拨备。通过使用长期的历史损失数据，一般损失拨备被用于抵消专项拨备的天然顺周期性，从而达到平滑整个周期总体拨备的效果。在这种情况下，动态拨备制度将有助于增加银行部门对预期损失的弹性，并减弱顺周期性效应的影响。

4）资产准备金（asset-based reserve requirements，ABRR）。诸如逆周期资本缓冲和动态拨备等宏观审慎政策工具可以用于应对金融体系的总体顺周期性，但它们并不能有效解决特定领域和单个类别资产（例如房地产）的过度投资问题。对于这一情况，针对资产计提准备金的制度可达到上述目标。资产准备金（ABRR）在经济上行期对过度的风险资产投资计提准备金，以控制该部门信贷的过快增长；在经济下行期，释放这些准备金，为市场提供流动性。一般认为，由于ABRR具有针对性控制过热资产类别的功能，因而可作为其他宏观审慎政策工具的有效补充。

ABRR通常要求金融机构对信贷和投资集中度过高的资产计提准备金。针对高风险的资产类别计提准备金，可降低其边际收益，促使资金流向其他资产类别。只有在政策制定部门认为某一类资产扩张过快、价格上涨过快时，才要求对这类资产计提准备金。所有类别的资产，包括房地产抵押贷款、资产证券化工具和公司债券均适用ABRR。

5）其他工具。除上述四种工具之外，在宏观审慎政策当局的工具箱里，还包括很多其他工具，这些工具不仅丰富了宏观审慎当局的政策组合选集，而且有助于提高针对特定对象的调控效果。

增强系统重要性金融机构稳定性的工具。具有"大而不能倒"特征的系统重要性金融机构是否稳定，对整个金融体系的稳定性具有至关重要的影响，因此，政策当局有必要加强对系统重要性金融机构的监管，提高其应对风险的能力，主要工具包括：一是对系统重要性金融机构实施"附加资本要求"，提高其吸收损失的能力。根据《巴塞尔协议Ⅲ》，附加资本要求的比例在1%到2.5%之间，具体比例与银行的系统重要性程度挂钩。二是对系统重要性金融机构实行"附加杠杆率"（即一级资本与总杠杆敞口的比值）要求，如美国规定，从2018年起将系统重要性金融机构的补充杠杆率在最低要求的基础上提高2个百分点，达到5%。三是对系统重要性金融机构提出更高的流动性要求，如更高的流动性覆盖率或流动性费用。

防范金融机构间风险交叉传染的工具。金融机构间风险的交叉传染是金融危机得以快速蔓延的重要原因，政策当局可以通过以下工具抑制金融体系内的机构间风险交叉传染：一是敞口限制（exposure limits），既包括金融机构对单一对手方的敞口限制，也包括对一类对手方（如银行间）敞口的限制，同时实施差异化的风险权重，如对某一类对手方的敞口采用更高的风险权重，或对某一类金融体系内活动或工具的敞口实行更高的风险权重。二是净稳定资金比率，即可用稳定资金与所需稳定资金之比，其中可用稳定资金是期限超过1年的资本与负债的加权值，资金来源越稳定，所赋予的权重就越高。根据《巴塞尔协议Ⅲ》，净稳定资金比率的最低要求为100%。三是金融市场基础设施建设，包括对所有标准化OTC（场外交易）衍生品推行中央对手方清算（避免某一主要对手方的风险在市场中扩散），针对中央清算所的流动性安排（中央清算所具有系统重要性），针对证券借贷、回购和衍生品交易的保证金要求（减轻风险在金融机构间的交叉传染）等。

应对部门性或特定领域金融风险的工具。此类工具比较具有代表性的是贷款价值比率（LTV）和债务收入比率（DTI）。抵押和担保品作为银行信用风险缓释的基本工具，其价格和抵押价值具有典型的顺周期特征。在经济繁荣期，资产市场的火爆可能使抵押和担保品的名义价值明显高于其内在价值，这不仅会强化信贷需求和供给，而且会增加信贷风险。为解决上述问题，可考虑通过LTV和DTI工具限制那些以价格波动性比较大的资产为抵押提供的贷款，并以此减轻由资产价格大幅波动所带来的潜在信贷风险。一般而言，在经济上行期，LTV和DTI通常是抑制金融机构信贷过度扩张的有效工具；但在经济危机期间，它们不一定能够有效缓解普遍的流动性短缺问题。因为在经济危机期间，金融机构更关心的是如何获得现金，而不是扩张信贷，此时旨在放松LTV和DTI管制的政策可能效果有限。此外，从实际运作来看，LTV和DTI似乎很难运用到除房地产贷款之外的其他资产类别上。

防范外汇市场风险的工具。当外币贷款融资成本较低时，企业或居民部门可能更倾向于借入外币资金。然而，一旦本币发生较大幅度的贬值，就可能引发外币贷款违约风险。政策当局可以通过以下工具引导银行管理外汇风险：一是实施差异化的风险权重，赋予未对冲汇率风险的贷款者的外币贷款更高的风险权重，或要求银行对不同币种的外汇贷款赋予不同的风险权重；二是限制外汇风险敞口，包括限制未对冲汇率风险的外币贷款的增速，或限制新增外币贷款占全部新增贷款的比例；三是运用资本流动管理工具，即通过资本管制或对资本流动征收交易税的方法，减少无序的、有碍金融稳定的资本流动，控制资本流动的波动性及其对外汇和金融市场的冲击；四是进行国际储备管理，根据 Bengui 和 Bianchi（2014）的研究，经济外部性导致过度借贷，政策当局通过积累国际储备，可以实现附加约束的有效配置，而逆周期调整的最优储备积累政策可以显著降低金融危机风险。

（3）第三阶段"亡羊补牢"：后期处置救助类工具。尽管宏观审慎政策的理想目标是在前两个阶段成功控制住系统性金融风险，但由于金融体系运行及其风险形成机理的复杂性，加之一些意外事件冲击的影响，总有一些难以避免的金融不稳定或危机事件发生。处置救助类工具正是在这样的背景下被运用的，其主要目标是及时控制危机的蔓延、持续时间和影响程度，以尽可能地减少危机或不稳定事件所造成的各种经济和社会成本（损失）。处置救助类工具比较具有代表性的包括最后贷款人、存款保险制度（deposit insurance system）以及接管和国有化（takeover & nationalization）等。在一些经典文献中，最后贷款人、存款保险制度和审慎监管被视为构成一个国家"金融安全网"的三大基础。

1）最后贷款人。最后贷款人作为一种制度性政策，包括信用宣示支持、流动性支持和抵押支持政策等具体工具。其中，信用宣示支持是指中央银行对"问题金融机构"提供支持的公开声明，由于央行的特殊地位和影响，该政策对市场预期一般具有较大影响，有助于在关键时期稳定局势和为实际措施的出台赢得时间；流动性支持指中央银行以公开市场操作或定向再贷款、再贴现等方式，向面临流动性枯竭的金融市场或暂时遭遇问题（仍具备可持续经营能力）的金融机构注入流动性，以及时稳定市场和重要金融机构，防范危机的蔓延和扩大；抵押支持政策主要是指危机期间中央银行通过扩大抵押机构或抵押品的范围，以使更多的金融机构从央行获得更多的流动性支持。

2）存款保险制度。存款保险制度实际上是为金融机构中外部性最强的存款类金融机构专门设置的一道安全网，其目的是通过事前的预防和事后的补救措施，防止个别金融机构因破产倒闭而造成挤兑风险。在典型的存款保险制度下，中央银行（或其他专门的存款保险实施主体）通过向参加保险的金融机构收取一定数额的保险费，汇集形成用于保护整个金融业稳定发展的两道核心防线：一是对金融机构的保护，即通过制度性地承诺对陷入困境的金融机构实施相应的援助，稳定市场预期，提高存款人对金融机构的信任度，减少盲目挤兑风险；二是对存款人的保护，即通过制度性地承诺当金融机构破产倒闭时，会动用保险基金向社会公众支付其法定限额内的存款损失，最大限度地保护存款人的利益，实现问题金融机构的平稳有序退出。此外，显性存款保险制度（explicit deposit insurance system）的建立还有助于强化市场约束，避免隐性存款保险制度（implicit deposit insurance system）下经常存在的"预期政府救助和无限买单"的财政压力。

3）接管和国有化。在金融危机过程中，对于一些面临严重困难，需要从财务、人事、制度等方面进行全面重组的金融机构，政策当局可以建议或指定某些健康的金融机构予以接管（然后采用市场化的方式予以重组），也可以直接由政府接管或者将其国有化（一般在市场化重组方式难以实现的情况下使用）。不过，需要指出的是，在大部分情况下，接管和国有化本身都不是目的，而只是"非常时期"维护金融稳定（避免金融机构直接破产所导致的种种问题）所采取的一种过渡性手段，一旦危机过去或者被接管（国有化）的金融机构重组完毕，政府就会及时退出，以避免对市场机制造成过度干扰。

### （三）主要政策工具的国际经验总结

#### 1. 政策工具的使用情况

从具体的政策实践情况来看，近年来越来越多的国家开始在传统货币政策的基础上引入各种新的宏观审慎政策工具，以应对金融领域内的各种失衡问题。根据国际货币基金组织对其成员的调查结果（见表2-3），最为常用的六种宏观审慎政策工具是：集中度限制（CONC）、同业交易限制（INTER）、贷款价值比率（LTV）、准备金要求（RR）、债务收入比率（DTI）、外国贷款限制（FC）。其中，LTV和DTI为针对借款者的工具，CONC和FC为针对金融机构资产的工具，INTER和RR为针对金融机构负债的工具。

从使用情况来看，有150个成员在样本期间（2000—2017年）至少使用了一种宏观审慎政策工具，包括36个发达国家与114个新兴市场和发展中国家。其中，最受青睐的宏观审慎政策工具是CONC（33.2%），其次为INTER（10.3%）、LTV（9.5%）、RR（8.7%）、DTI（7.6%）、FC（7.0%）、杠杆率（LEV，6.1%）、征税（TAX，5.8%）、动态拨备（DP，4.7%）、信贷增长约束（CG，3.6%）、系统重要性金融机构（SIFIs，2.8%）和逆周期资本要求（CTC，0.6%）。从国别特征来看，与发达国家相比，新兴市场和发展中国家使用的宏观审慎政策工具更多、时间更长，而且往往更倾向于支持与外汇和流动性相关的政策（FC，RR），这符合新兴市场和发展中国家可能更需要宏观审慎政策的一些内在特征，比如更容易遭受外部冲击、相对不完善的金融体系和潜在的市场缺陷等。

表2-3 宏观审慎政策工具在主要国家和地区的使用情况

| 工具类型 | 使用成员数 | | | 使用频率（%） | | |
|---|---|---|---|---|---|---|
| | 总体 | 新兴市场和发展中国家 | 发达国家 | 总体 | 新兴市场和发展中国家 | 发达国家 |
| 集中度限制（CONC） | 131 | 99 | 32 | 33.2 | 32.7 | 34.8 |
| 同业交易限制（INTER） | 49 | 36 | 13 | 10.3 | 9.6 | 12.6 |
| 贷款价值比率（LTV） | 60 | 37 | 23 | 9.5 | 7.4 | 17.1 |
| 准备金要求（RR） | 33 | 33 | 0 | 8.7 | 11.2 | 0.0 |
| 债务收入比率（DTI） | 48 | 35 | 13 | 7.6 | 7.6 | 7.8 |
| 外国贷款限制（FC） | 42 | 38 | 4 | 7.0 | 7.9 | 3.5 |
| 杠杆率（LEV） | 40 | 34 | 6 | 6.1 | 6.7 | 3.9 |
| 征税（TAX） | 39 | 16 | 23 | 5.8 | 4.5 | 10.3 |
| 动态拨备（DP） | 28 | 26 | 2 | 4.7 | 5.4 | 2.3 |
| 信贷增长约束（CG） | 19 | 18 | 1 | 3.6 | 4.6 | 0.3 |
| 系统重要性金融机构（SIFI） | 64 | 34 | 30 | 2.8 | 1.9 | 6.1 |
| 逆周期资本要求（CTC） | 10 | 4 | 6 | 0.6 | 0.4 | 1.3 |
| 合计 | 150 | 114 | 36 | 100.0 | 100.0 | 100.0 |

注：（1）使用频率为使用特定的宏观审慎政策工具的"国家—年份"样本数与使用任一宏观审慎政策工具的"国家—年份"总样本数之比；（2）表中数据根据 Cerutti 等（2017）的宏观审慎政策数据库（Macroprudential Policy Dataset）中的相关信息统计得出。

从亚洲国家和地区的实践来看（见表2-4），2008年金融危机之后，一些国家和地区已经开始启动包括逆周期资本缓冲、逆周期拨备和LTV等在内的一系列宏观审慎政策工具，而一些传统的信贷控制方法，如直接信贷控制、存贷比要求等也在发挥类似的作用。

表2-4 亚洲国家和地区实施宏观审慎政策工具的情况

| 目标 | 工具 | 实施国家和地区 |
|---|---|---|
| 管理总风险（如顺周期性） | 与信贷相关的逆周期资本缓冲 | 中国 |
| | 逆周期拨备 | 中国、印度 |
| | 贷款价值比率（LTV） | 中国、韩国、新加坡、中国香港 |
| | 对特定行业的直接贷款控制 | 韩国、马来西亚、菲律宾、新加坡 |

续表

| 目标 | 工具 | 实施国家和地区 |
|---|---|---|
| 在特定时间点管理总风险（如系统性风险） | 系统重要性银行资本额外税费 | 印度、菲律宾、新加坡 |
| | 流动性要求 | 印度、韩国、菲律宾、新加坡 |
| | 对货币错配的限制 | 印度、马来西亚、菲律宾 |
| | 贷存比率要求 | 中国、韩国 |

资料来源：Caruana, J., 2010, Macroprudential Policy: What We Have Learned and Where We Are Going, Keynote speech at the Second Financial Stability Conference of the International Journal of Central Banking, Bank of Spain, Madrid, 17 June, BIS Speeches.

### 2. 实践经验的初步总结

从各种宏观审慎政策工具的实践效果来看，目前已有的经验基础和实证研究初步揭示了以下一些主要的观点和结论：

（1）宏观审慎政策工具确实能影响金融周期，且在抑制过度繁荣方面的效果更佳。国际清算银行（BIS，2017）的报告指出，很多宏观审慎政策工具都能对金融周期产生重要影响，但其有效性取决于经济繁荣的内在属性。比如，当房价和信贷的暴涨源于强劲的内需和投机活动时，相对于上调印花税和增加供给而言，信贷政策的效果可能比较有限。此外，宏观审慎政策工具在抑制过热方面通常效果较好，但在应对衰退方面则效果欠佳。不过，值得注意的是，如果政策目标是为了降低信贷组合的风险，那么这个问题便不存在。

（2）不同的宏观审慎政策工具具有不同条件下的比较优势。比如，借款人工具（如LTV和DTI等）能有效控制借款人风险，抑制顺周期性的资产价格上升和信贷增长；准备金工具有助于控制信贷增长；资本相关工具（如系统重要性金融机构附加资本要求等）在经济下行期能有效促进信贷增长，但在经济上行期效果有限；部门性资本要求通过构建额外的资本缓冲能够增强金融部门的稳健性，但在控制信贷增长方面效果各异；资本充足率工具的跨境溢出效应较强，但贷款限制类工具的溢出效应较小。

（3）宏观审慎政策工具在解决区域差异问题上的有效性仍待观察。BIS报告指出，一些国家（如韩国、中国、匈牙利）根据国内不同地区的房地产市场情况设置了不同的贷款价值比率（LTV）标准，同时一些政策当局（如中国人民银行、中国香港金融管理局和泰国银行）还对细分住房市场或高风险的借款人采取了不同的LTV标准。类似地，宏观审慎政策工具原则上确实以针对特定部门、地区、机构和特定类型的资本流动进行"量身定制"，但这种做法的有效性仍有待进一步观察和明确。

（4）加强沟通可以促进政策工具得到市场的正确理解。BIS报告指出，清晰、高效的沟通是提高宏观审慎政策工具有效性的重要因素，其中内容和时间是沟通过程中最为关键的两个方面。一般而言，在金融周期的早期阶段，风险预警可能是最有益的，但缺乏有形风险意味着它们最有可能被忽视、质疑或批评；到了金融周期后期，特别是在经济危机前夕，过度沟通会给金融脆弱性继续造成冲击。因此，清晰、简洁、易懂的沟通策略至关重要。

（5）政策工具的选择取决于具体失衡的对象、性质和规模。通常情况下，针对总量上明显偏离长期趋势的信贷扩张，可考虑使用逆周期的资本工具或实施动态拨备；而针对特定行业或领域的结构性失衡，则可考虑采用贷款成数限制或者对特定行业信贷提高资本要求等结构性的宏观审慎工具。此外，如果出现信贷总量高速增长，同时有明显迹象表明系统性风险正在迅速增加，可以考虑使用包括总量和结构性工具在内的一组工具，通过构建有效的政策组合，尽快抑制可能正在走向失控的风险。

（6）政策工具的设计和运用通常具有明显的国情差异。在宏观审慎政策工具的实践过程中，政策当局必须仔细审查这些工具对自身所在经济体的适用性。由于各国的经济和金融体系存在很大差异，某个宏观审慎政策工具可能对某些国家而言特别有效，但在另外一些国家却可能不是那么适用。此外，政策当局还必须意识到，在设计由多项工具组成的宏观审慎政策组合时，必须基于本国的经济金融体系特征，事先对政策组合中各种工具之间的交互作用机制进行仔细评估，以避免工具间的交错反应导致非预期的结果。

3. 对金融创新的进一步考虑

作为2008年全球金融危机的重要启示之一，新的宏观审慎政策工具的设计还需要考虑如何对金融创新带来的潜在风险进行评估和处理。应该指出的是，对于金融创新在金融危机中的作用，迄今为止，大部分研究仍然主要集中于金融创新所产生的高风险金融产品本身，而不是金融创新所导致的整个金融市场的整体性失衡，而后者恰恰是产生系统性风险的关键。

从信息处理的角度而言，金融创新诱发金融危机的更深层次机制在于：过于复杂的金融创新由于超越了一般投资者的风险识别能力而导致了整个市场投资决策的扭曲，其结果是市场风险分布状态的系统性失衡。这种投资者风险识别能力的集体性缺失，与金融创新同时产生的信贷扩张彼此强化，短期内使得金融市场在更高的风险状态下维持着自我实现的均衡，而这种"失衡的均衡"在任何外部冲击面前都极为脆弱。因此，新的宏观审慎视角应从过去那种集中于金融创新产品本身的风险转向更为根本的市场信息机制问题，如过度金融创新所造成的信息失真、信息机制的普遍扭曲和投资者风险识别能力的集体性缺失，等等。

对于金融业的长期可持续发展而言，创新的边界不能超出体系的管理能力，如果金融衍生产品过于复杂，以至超出实体经济发展的需求，那么，实体经济将最终沦为金融投资和炒作的工具，潜在风险的积聚和扩大就不可避免。基于此，宏观审慎政策框架必须要有针对金融创新的专门评估工具或方法，防止金融创新过分脱离实体经济发展的需求，可以考虑的工具包括：对金融产品市场准入设置必要的审查机制，对当前市场无法识别其风险状况的金融产品禁止流入市场，对风险过高的金融产品设置必要的交易限制条件和进行定期审查，等等。

## 三、中国的宏观审慎政策目标与工具

### （一）中国的宏观审慎政策目标

宏观审慎政策目前在世界各国都是一个相对较新的概念，中国也不例外。由于尚未发展成为如货币政策一样成熟的制度框架，目前在相关法律法规中尚未出现对宏观审慎政策目标的明确表述。不过，我们可以从关联性的政策文件以及政策部门的研究和实践中做出大致的推断。

在2008年全球金融危机之后不久的2010年，中国人民银行发布的《中国金融稳定报告》对宏观审慎管理的目标做出了如下表述："宏观审慎管理以防范系统性风险为根本目标，将金融业视作一个有机整体，既防范金融体系内部相互关联可能导致的风险传递，又关注金融体系在跨经济周期中的稳健状况，从而有效地管理整个体系的金融风险"。从该表述可以看出，宏观审慎管理的主要目标应该是防范系统性风险，维护金融稳定。

从国家政策定位的角度来看，2017年习近平总书记在中央财经领导小组第十五次会议上指出，要"加强宏观审慎监管，强化统筹协调能力，防范和化解系统性风险。"同年，党的十九大报告提出，要健全货币政策和宏观审慎政策相结合的"双支柱"调控框架，健全金融监管体系，"守住不发生系统性金融风险的底线"。这两个表述都直接或间接地强调了宏观审慎政策在防范系统性风险方面的核心目标定位。

从实践操作的角度来看，2017年时任中国人民银行行长助理的张晓慧在《宏观审慎政策在中国的探索》一文中写道，要"继续组织实施好宏观审慎评估工作，循序渐进、稳步推进，在条件成熟时把更多金融活动纳入宏观审慎管理，达到引导货币信贷和社会融资规模合理增长、加强系统性金融风险防范、提高金融服务实体经济水平的目的。"由此可见，在实践中，中国的宏观审慎政策目标实际上并不是唯一的，而是具有"多元化"特征。

同年，在第八届财新峰会上，中国人民银行副行长殷勇也表示，"宏观审慎政策在目标设定方面比较模糊，承担的使命有可能过于多元化，宏观审慎政策体系还没有接受检验，所以政策框架有待进一步完善……我个人认为，其中一个重要的方面可能是宏观审慎政策的目标还可以进一步聚焦和明确。今后央行将按照党的十九大的部署，不断健全货币政策和宏观审慎政策'双支柱'调控框架，不断完善宏观审慎政策体系，守住不发生系统性金融风险的底线。"

综合上述信息，可以做出如下初步推断：中国宏观审慎政策的核心目标是控制系统性风险和维护整体金融稳定，但现阶段在实际操作中还兼顾了其他一些经济金融目标，未来的发展方向是逐步走向更加清晰明确的目标定位。核心（锚定）目标的明确可以使政策当局更加有效地引导市场预期，从而提高政策的实践效果。

（二）中国的宏观审慎政策工具

近年来，随着中国宏观审慎政策实践的不断展开，特别是2017

年党的十九大明确将宏观审慎政策作为金融宏观调控的两大支柱之一后，中国的宏观审慎政策工具不断丰富和完善，多维度、多层次的工具体系初具雏形。本小节对中国目前已有（计划中）的宏观审慎政策工具进行一个概览式的初步介绍，其中一些主要工具的详细说明留待下一章展开。

从宏观审慎政策工具的产生方式来看，主要有三条途径：一是根据 BIS 等国际组织的建议，或借鉴国际经验，引入一些国际通行的政策工具，如逆周期资本缓冲、动态拨备、杠杆率要求和流动性覆盖率等；二是对一些传统的货币信贷或微观审慎管理工具进行改造，在其中增加"宏观审慎元素"，使其具有宏观审慎调控功能，如贷存比率、最低首付比和信贷规模控制等；三是基于中国国情和现实的调控需要，中国自行开发的一些宏观审慎政策工具，典型的如宏观审慎评估体系（MPA）和"全口径跨境融资宏观审慎管理"等。

目前，中国宏观审慎政策的主要工具、政策目标和相关负责部门如表 2-5 所示。从表中信息可以看出，中国的宏观审慎政策工具具有以下特点：一是初步具有了一定的种类，形成了一定的涵盖面，既有参照《巴塞尔协议Ⅲ》新引入的工具，也有在原有传统工具基础上改造而来的工具；二是基于时间维度的政策工具相对更为丰富和完善，特别是针对信贷增长和泡沫控制的工具运用频率较高，这与当前阶段中国的金融宏观调控特点和现实需求是一致的；三是政策工具的调控目标比较多元化，不仅包含涉及宏微观金融稳定的各个方面，而且涉及资源配置的结构优化目标；四是工具运用通常涉及多部门的联合实施和监督管理，其中，国务院金融稳定发展委员会和中国人民银行发挥着主导作用，国家金融监督管理总局、证监会、外汇管理局和财政部等部门为主要配合部门。

表2-5 中国的宏观审慎政策工具概览

| 维度 | 主要工具 | 政策目标 | 相关负责部门 |
|---|---|---|---|
| 时间维度 | 宏观审慎评估体系（MPA） | 控制信贷规模、优化信贷结构、促进金融稳定 | P |
| | 全口径跨境融资宏观审慎管理 | 控制跨境融资的系统性风险 | |
| | 贷款价值比率限制（caps on LTV） | 抑制抵押贷款的顺周期性和资产价格泡沫 | S、P、B |
| | 逆周期资本缓冲* | 控制信贷规模、增强损失吸收能力 | S、P、B |
| | 杠杆率 | 降低金融机构业务扩展的顺周期性 | B |
| | 跨周期风险加权资产计量 | 降低资本计量的顺周期性 | B |
| | 动态贷款损失拨备 | 增强金融机构的损失吸收能力 | S、B、P、T |
| | 限制利润分配 | 提高银行资本充足率、控制信贷规模 | S、B、P |
| | 外币贷款上限 | 减少外币贷款受汇率波动的共同风险敞口 | S、P、F |
| | 信贷增长上限 | 抑制信贷过快增长 | S、B、P |
| | 差别存款准备金 | 控制信贷规模、优化信贷结构 | P |
| | 因城施策的差别化住房信贷政策 | 抑制房地产价格泡沫，降低相关贷款风险 | P、B |
| | 净稳定资金比率 | 抑制金融机构负债方的流动性风险 | B |
| | 流动性覆盖比率 | 抑制金融机构资产方的流动性风险 | B |
| 跨部门维度 | 风险隔离（"栅栏原则"） | 降低高风险和创新业务对传统业务的传染性 | S、P、B |
| | 同业交易限制 | 降低金融机构之间的关联和传染性 | P、B |
| | SIFIs资本附加 | 增强SIFIs的损失吸收能力 | P、B |

## 第二章 宏观审慎政策的目标与工具

续表

| 维度 | 主要工具 | 政策目标 | 相关负责部门 |
|---|---|---|---|
| 跨部门维度 | SIFIs 附加杠杆率要求* | 抑制 SIFIs 的资产扩张和过度风险承担 | S、P、B、F、Z |

注：(1) 表中 S 代表国务院金融稳定发展委员会，P 代表中国人民银行，B 代表银国家金融监督管理总局，Z 代表证监会，F 代表国家外汇管理局，T 代表财政部；(2) SIFIs 代表系统重要性金融机构（systemically important financial institutions）；(3) 标记 * 的两种工具截至 2020 年 2 月的状态是由已有原则规定的，但尚未正式实施。

应该指出，目前世界各国宏观审慎政策工具的开发和应用都尚处于探索阶段，从中国的情况来看，未来宏观审慎政策工具体系的完善主要包括以下方面：

一是实践中运用得比较系统、连贯和充分的政策工具还不是很多，目前以宏观审慎评估体系（MPA）为主，DTI 和 LTV 等工具尚未被实施或运用范围有限，逆周期资本缓冲等重要工具的具体实施规则还在研究和制定的过程中。

二是早期预警类工具的研究和开发还比较滞后，目前尚未建立一项专门用于宏观审慎政策决策的全面性综合统计指标体系，对系统性风险进行量化分析的工具还不充分，风险预警机制尚不完善，部门之间数据割裂问题较为突出，不利于系统性风险的早期识别和处置。

三是现有工具主要围绕金融机构设计和实施，针对企业、家庭和政府部门的风险识别和管理工具还比较少，对一些隐蔽性较强的跨境、跨区域、跨市场、跨部门和跨机构的金融风险缺乏相对比较成熟、有效的监测手段和管理工具。

四是缺乏对相关工具有效运用的全面政策指引，尽管为实现对不同性质风险的针对性调控，应该有足够多的可选工具，但仍需考虑它们的使用频率、适用条件和特定场景下的有效性，以进一步增强政策工具运用的明确性和有效性，同时减少副作用。

# 第三章
# 宏观审慎政策的调控机理

## 一、宏观审慎政策的调控规则

尽管从理论上看，宏观审慎政策应该基于规则和相机抉择"动态平衡"的方式予以实施——既要有基本的规则，也要保持必要的灵活性，但在实践中，根据 IMF 的针对全球主要国家的调查统计，目前宏观审慎政策工具的设计和调整主要是基于相机抉择而非规则。换言之，对于现阶段的宏观审慎政策实践而言，基于规则的审慎政策工具运用还比较缺乏。本节首先介绍几种比较具有代表性的基于规则进行调控的宏观审慎政策工具。

### （一）逆周期资本缓冲

逆周期资本缓冲是《巴塞尔协议Ⅲ》中关于宏观审慎监管的重要工具，同时也是目前讨论相对成熟且具备现实可操作性的一项工具。总体来看，通过在经济上行期抑制信贷过度投放、在经济下行期缓解信贷紧缩的程度，既可以在一定程度上减少系统性金融风险的积累，同时还能弱化银行行为对经济周期的过度顺周期性效应。

从理论上看，建立逆周期资本缓冲模型的基本目标是在可观察的变量和逆周期资本缓冲提取之间建立起可信的联系，并对何种情况构成逆周期缓冲资本提取的"触发条件"以及提取规模的大小做出规定或描述。一般而言，构建逆周期资本缓冲模型至少包括以下三个方面的基本要件：一是确定合理的"挂钩变量"（可观察变量），二是对"挂钩变量"和逆周期资本缓冲之间的逻辑结构进行描述，三是对逆周期资本缓冲的计提规则做出规定。

在以上三个基本要件中，选择合适的"挂钩变量"是建立逆周期资本缓冲模型的前提和基础。基于大量实证研究结果，巴塞尔银行监管委员会最终在《各国监管当局实施逆周期资本缓冲指引》中建议采用"信贷/GDP"作为在经济上行期计提逆周期资本缓冲的"挂钩变量"，并根据该指标对其长期趋势值的偏离程度来确定逆周期资本缓冲的计提规模。此外，国际清算银行（BIS）的实证研究也表明，在其所考察的三大类10项指标中，信贷/GDP用于判断经济上行周期和金融危机的效果最佳，因为几乎所有的金融危机在爆发前都经历了银行信贷的高速增长。此外，选用信贷/GDP对其长期趋势的偏离度，还能在一定程度上防止信贷过度增长给银行造成的损失。

在选定"信贷/GDP"作为挂钩变量的基础上，定义"信贷/GDP"的缺口值为 $z_t = x_t - \overline{x_t}$，其中，$x_t$ 和 $\overline{x_t}$ 分别为"信贷/GDP"及其趋势值。趋势值 $\overline{x_t}$ 一般可以使用 HP 滤波方法计算。在实践中，HP 滤波方法主要通过设置平滑因子（$\lambda$）的大小来确定长期趋势线的平滑度，平滑因子越大，对应的趋势线越平滑（即越接近于直线）。确定 $z_t$ 后，可以按照如下模型计算逆周期资本缓冲：

$$k_t = \begin{cases} 0 & , \text{如果 } z_t < L \\ \dfrac{z_t - L}{H - L} k_{\max} & , \text{如果 } L \leqslant z_t \leqslant H \\ k_{\max} & , \text{如果 } z_t > H \end{cases} \quad (3-1)$$

式中，$L$、$H$ 和 $k_{max}$ 均为固定参数。在上述逆周期资本缓冲计算模型中，最低门槛值 $L$ 决定了信贷/GDP 对其长期趋势偏离多少时开始计提逆周期资本，而最高值 $H$ 则决定了逆周期资本何时达到上限，因此，$L$ 和 $H$ 是决定逆周期资本释放时机、速度和规模的关键参数。通常情况下，当一国信贷/GDP 接近或低于其长期趋势时，说明该国系统性风险较低，一般不需要提取额外的资本缓冲来应对潜在的风险；而当信贷/GDP 在一定时期内加速运行并明显正向偏离其长期趋势时，则表明系统性风险正在快速积聚，此时应通过提取资本缓冲来抑制信贷扩张继续蔓延。

上述思路反映在模型中，可概括为如下计提规则：当缺口值 $z_t$ 小于 $L$ 时，逆周期资本缓冲为 0；当缺口值 $z_t$ 大于等于 $L$ 而小于等于 $H$ 时，逆周期资本缓冲位于 0 至 $k_{max}$ 之间；当缺口值 $z_t$ 大于 $H$ 时，逆周期资本缓冲达到上限值 $k_{max}$，此时不再继续增加提取逆周期缓冲资本。BIS 根据对过往历次银行危机的实证研究，认为将上述逆周期资本缓冲上限值 $k_{max}$ 设为 2.5%、最低门槛值 $L$ 设为 2、最高值 $H$ 设为 10 比较合理。图 3-1 直观地显示了逆周期资本缓冲与信贷/GDP 之间的关系：

根据 BCBS（2010），逆周期资本缓冲的计算涉及以下三个步骤：

（1）计算每一期信贷余额（$CREDIT_t$）占国内生产总值（$GDP_t$）的比例，即：

$$RATIO_t = \frac{CREDIT_t}{GDP_t} \times 100\% \tag{3-2}$$

（2）使用 HP 滤波估计 $CREDIT_t / GDP_t$ 的长期趋势值（$TREND_t$），然后算出信贷/GDP 的缺口值，即：$GAP_t = RATIO_t - TREND_t$。如前所述，HP 滤波是用来将观察序列 $y_t$ 分解为波动项 $c_t$ 及其长期趋势项 $g_t$ 的一种计量方法，即：

$$y_t = c_t + g_t, \ t = 1, 2, \cdots, T$$

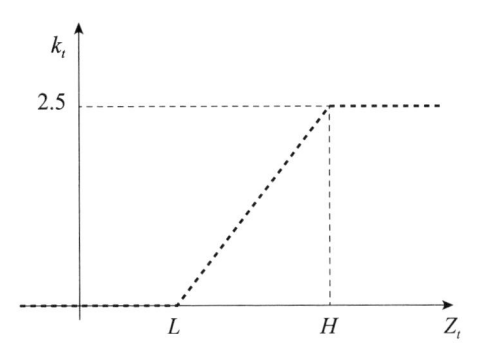

**图 3-1　逆周期资本缓冲与信贷 /GDP 之间的关系**

式中，$c_t$ 可视为时间序列偏离长期趋势的残差项，长期而言，其平均值应该非常接近 0。HP 滤波的主要目标是找出使残差项 $c_t$ 与长期趋势斜率变化值 $[(g_t - g_{t-1}) - (g_{t-1} - g_{t-2})]$ 平方和最小化的一组平滑长期趋势路径 $(g_{-1}, g_0, g_1, \cdots, g_T)$，即：

$$\min_{\{g_t\}_{t=-1}^{T}} = \sum_{t=1}^{T} c_t^2 + \lambda \sum_{t=1}^{T} [(g_t - g_{t-1}) - (g_{t-1} - g_{t-2})]^2 \quad (3-3)$$

式中，$T$ 为样本数；$\lambda$ 为平滑参数，用以反映对长期趋势斜率变动的重视程度：$\lambda$ 越大，表示希望长期趋势越平滑、斜率变动越小越好（相对而言，即越能容忍有较大的残差值出现）。关于 $\lambda$ 值，一般季节模型的平滑因子设为 1 600，但实证研究显示，在考虑预测误差之后，当 $\lambda$ =400 000 时，产生的信号相对最为稳健。巴塞尔委员会最终也建议将平滑参数设定为 400 000，以充分反映信贷 /GDP 的长期趋势。

通过将 $RATIO_t = GAP_t + TREND_t$ 和 $\lambda$ 值代入（3-3）式，可得用于计算信贷 /GDP 缺口的 HP 滤波模型为：

$$\min_{\{TREND_t\}_{t=-1}^{T}} = \sum_{t=1}^{T} GAP_t^2 + 400\,000 \times \sum_{t=1}^{T} (TREND_t - 2TREND_{t-1} + TREND_{t-2})^2$$

（3）利用下式将信贷 / GDP 的缺口值（$GAP_t$）转换成对应的逆周期资本缓冲（$VB_t$）：

$$VB_t = \begin{cases} 0, & \text{如果} GAP_t < 2\% \\ \frac{5}{16} \times (GAP_t - 2\%), & \text{如果} 2\% \leq GAP_t \leq 10\% \\ 2.5\%, & \text{如果} GAP_t > 10\% \end{cases}$$

根据巴塞尔委员会的建议，当信贷/GDP的缺口值在2%以下时，表示信贷扩张程度相对较低，此时不需计提逆周期资本缓冲；当信贷/GDP的缺口值高于10%时，表示信贷扩张过度，需要计提数量为$RWA \times 2.5\%$的逆周期资本缓冲，其中$RWA$表示风险加权资产（risk-weighted asset）；而当信贷/GDP的缺口值位于2%~10%之间时，缺口值每增加1%，逆周期资本缓冲应相应提高0.312 5%。

### （二）动态拨备制度

动态拨备制度要求银行在经济上行期建立一般损失拨备，也称动态拨备（dynamic provisions）或统计拨备（statistical provisions），以备经济衰退时提用。在西班牙，一般损失拨备用于补充专项拨备，后者用以吸收已经出现不良迹象的问题贷款，从而反映对银行潜在信用风险的事前估计。经济扩张时期，不良贷款比例低，事后计提的专项拨备小于潜在的信用风险，银行应建立一般损失拨备；经济衰退时期，不良贷款比例高，专项拨备不足以覆盖贷款损失，应动用事前提取的一般损失拨备来弥补。动态拨备每季从损益账户中提取。

在动态拨备制度的实施过程中，科学、合理地估计动态拨备是问题的关键。为提高动态拨备制度的有效性，西班牙监管当局设定了两种动态拨备的方法：一是内部模型法，即依靠银行自身的贷款损失经验数据来决定动态拨备的提取，相关参数主要通过对历史数据的回归分析得到；二是标准方法，即对于那些没有建立内部模型的银行，按照监管当局制定的标准法计提动态拨备。在第二种方法下，贷款被分为六类，并根据1986—1998年间的贷款数据确定相应的系数，该系数反映了整个经济周期的净专项准备金的平均水平,潜在风险值是系数和风险暴露的乘积(见表3-1)。

表3-1 标准方法下不同类别资产的风险系数

| 贷款分类 | 系数(%) |
|---|---|
| 无风险:现金和对公共部门的贷款 | 0 |
| 低风险:贷款价值比率(LTV)低于80%,同时借款人长期债券评级至少为A | 0.1 |
| 中低风险:金融租赁和其他担保贷款 | 0.4 |
| 中等风险:其他各类中没有涉及的贷款 | 0.6 |
| 中高风险:购买耐用消费品个人信贷 | 1 |
| 高风险:信用卡、经常账户透支 | 1.5 |

不论是哪种方法,计提的动态拨备都等于贷款潜在风险的估计值减去同期提取的专项准备金。如果金额为负,就以收入的形式计入损益账户,同时调低动态拨备的余额。动态拨备累计金额的上限是系数与风险暴露值之积的3倍。

在动态拨备制度下,银行除了按传统规则提取一般损失拨备和专项拨备外,还需建立动态拨备,三种拨备之和即为银行的总拨备。三种拨备的计算方式如下:

(1)一般损失拨备:$GF = g \times L$,其中,$L$表示每年的贷款余额,$g$表示一般拨备提取系数(0.5%~1%),于是每年提取的一般损失拨备为$GP = g \times \Delta L$,$\Delta L$等于年度新增贷款额。

(2)专项拨备:$SF = \sum(e_i \times M_i)$,其中,$M_i$表示第$i$类不良贷款的总额,$e_i$表示第$i$类不良贷款的损失拨备提取系数(10%~100%),而每年提取的专项损失拨备$SP = \sum(e_i \times \Delta M_i)$,其中,$\Delta M_i$表示第$i$类不良贷款的年度增加值。

(3)动态拨备:对潜在风险的测量值为$LR = \sum(s_i \times L_i)$,其中,$s_i$表示第$i$类不良贷款的动态拨备提取系数,标准法下$s_i \in [0\%, 1.5\%]$。

每年提取的动态拨备等于 $S_tP = LR - SP$。显然,如果 $LR > SP$,不良贷款较少,$S_tP > 0$,动态拨备余额增加;如果 $LR < SP$,不良贷款较多,$S_tP < 0$,动态拨备余额减少。

根据上述设定,动态拨备制度下的总拨备为:

$$AP = GP + SP + S_tP = g \times \Delta L + SP + (LR - SP) = g \times \Delta L + \sum(s_i \times L_i)$$

相比之下,传统贷款损失拨备制度下的总拨备为:

$$AP' = GP + SP = g \times \Delta L + \sum(e_i \times \Delta M_i)$$

与传统贷款损失拨备制度相比,动态拨备制度具有以下三个特点:一是在动态拨备制度下,每年计提的拨备金额只与贷款余额有关,而与不良贷款无关,这意味着动态拨备制度消除了不良贷款的周期性变化;二是专项拨备主要用来弥补不良资产,即事后信贷风险,而动态拨备则旨在弥补贷款潜在风险与专项拨备的缺口,是一种事前确认,因此,动态拨备是专项拨备的补充而非替代;三是如果商业银行能事前充分地估计到潜在的风险,专项拨备金应该能够完全覆盖预期损失(从长期来看,动态拨备在理论上趋向于0),即 $E(LR) = E(SP)$,这意味着,动态拨备只是改变了专项拨备计提的时间分布,而没有改变其均值,因而不存在额外提取拨备的问题。

## (三)部门性逆周期资本缓冲

部门性逆周期资本缓冲(sectoral countercyclical capital buffer, SCCyB)是对《巴塞尔协议Ⅲ》中逆周期资本缓冲(CCyB)的有益补充。启用 CCyB 后,银行的额外资本要求取决于其总风险加权资产(RWA),而 SCCyB 则是更具针对性的措施:它允许政策当局施加额外的资本要求,以抑制特定部门的风险积累。鉴于其目标性质,SCCyB 比 CCyB 更能帮助缓解部门信贷的顺周期性。2019 年 11 月,BIS 网站发布了巴塞尔银行监管委员会的《部门逆周期资本缓冲运作的指导原则》，本节对其进行简要介绍。

根据《巴塞尔协议Ⅲ》，如果判断私人非金融部门的信贷超额增长导致整个系统性风险的积累，则指定机构可以施加高达 RWA 2.5%的额外资本要求。CCyB 设计的一个重要特征是：一旦激活，就会对 RWA 施加额外的资本要求。相比之下，SCCyB 用部门 RWA 表示，因此，产生的额外资本要求在以 RWA 的占比表示时要小得多。通过对 RWA 施加额外的资本要求，CCyB 不会影响相对资本支出，因此不会影响不同贷款类别的定价。实际操作中，根据情况可以将这两个缓冲区视为替代品或互补品。表 3-2 展示了一些可能的示例，这些示例假设一个框架可以同时激活 CCyB 和 SCCyB。

表3-2 《巴塞尔协议Ⅲ》中CCyB与SCCyB的交互作用

| 单个部门的状况 | 更广范围内的经济状况 | SCCyB 与 CCyB 的可能运用 |
| --- | --- | --- |
| 繁荣。即使在经济下行期，损失也很可能局限于该部门 | 正常 | ——SCCyB 设定为 $X\%$<br>——CCyB 设定为 0 |
| 繁荣。在经济下行期，损失可能扩散至其他部门，导致普遍失衡 | 经济低增长；未来经济发展高度不确定 | ——SCCyB 设定为 $X\%$<br>——CCyB 设定为 0 |
| 繁荣。在经济下行期，损失可能扩散至其他部门，导致普遍失衡 | 正常 | ——SCCyB 设定为 $X\%$<br>——CCyB 设定为较小值：$Y\%$ |
| 繁荣。在经济下行期，损失可能扩散至其他部门，导致普遍失衡 | 经济强劲增长；有迹象表明初始行业的失衡已经扩散至其他部门 | ——SCCyB 设定为 $X\%$<br>——CCyB 设定为中等值：$Z\%$ |
| 繁荣。在经济下行期，损失可能扩散至其他部门，导致普遍失衡 | 经济繁荣；其他部门的失衡逐渐达到与初始行业一样的严重水平 | ——SCCyB 设定为 0<br>——CCyB 设定为高水平：$W\%$ |

资料来源：BIS（2019），Guiding principles for the operationalisation of a sectoral countercyclical capital buffer.

如果政策当局希望从采用一种缓冲措施切换为采用另一种缓冲措施，或同时采用两种缓冲措施，则 SCCyB 与 CCyB 存在多种可能的交互方式。在理想情况下，两种措施之间的交互应遵循以下原则：（1）资本要求原则：提高 SCCyB 或 CCyB 的水平时，单家银行的总资本要求不应减少；（2）边际成本原则：提高 SCCyB 或 CCyB 的水平时，向任何信贷子市场提供信贷的边际成本不应减少；（3）风险计算原则：风险既不应被忽略，也不应被重复计算。

基于上述原则，实践中应将 SCCyB 和 CCyB 视为可加性互补（additive complements）关系，即允许在需要时同时激活两种缓冲措施，同时具有避免重复计算风险的调节机制。如果两种缓冲措施被同时激活，则 SCCyB 充当 CCyB 的附加措施。调节机制可确保增加缓冲措施不会导致重复计算风险。因此，SCCyB 措施的要求是：仅将 SCCyB 和 CCyB 之差应用于特定部门风险敞口。对于在本国辖区内 $i$ 的银行，以及同意在该辖区互相适用部门风险敞口的国家（$j=1, 2, \cdots, N$），特定银行的资本要求（bank-specific capital requirements）可按如下公式计算：

$$\text{特定银行的资本要求} = \underbrace{\left( \sum_{country\ i}^{N} CCyB\ rate_i \times \frac{relevant\ credit\ RW\ A_i}{relevant\ credit\ RW\ A_{Total}} \right) \times total\ RWA}_{CCyB} + \underbrace{\left[ \sum_{country\ i}^{N} \max\{(SCCyB\ rate_i - CCyB\ rate_i), 0\} \right] \times relevant\ SRWA_i}_{SCCyB}$$

为说明可加性互补的机制，假定有两家银行 A 和 B，其资产负债表中的总信贷和部门信贷的敞口所占比例不同：银行 A 是抵押贷款专业银行，而银行 B 持有多元化的贷款组合。这里抵押信贷作为可能出现周期性系统性风险的示例行业，同时，为集中说明不同资产负债表构成对最终缓冲要求的影响，假设两家银行的风险加权资产（RWA）数量相同。表 3-3 显示了每家银行的 RWA 分布。

表3-3 两家示例银行的风险加权资产分布

| | | 银行A：专业银行 | 银行B：多元化银行 |
|---|---|---|---|
| 本地加权平均资本 | 抵押 | 100 | 40 |
| | 其他信贷 | 40 | 80 |
| | 非信贷敞口 | 10 | 30 |
| 外国加权平均资本 | 抵押 | 10 | 10 |
| | 其他信贷 | 30 | 10 |
| | 非信贷敞口 | 10 | 30 |
| 总额 | | 200 | 200 |

为说明 SCCyB 与 CCyB 的相互作用方式，下面考虑三种情况：部门风险场景、普遍风险场景和国际风险场景，其中前两种为国内场景，第三种扩展至国际场景。

1. 部门风险场景

在这种场景下，假定信贷失衡（信贷过度扩张）早期仅局限于某个特定部门，此时要求激活 SCCyB，以控制部门信贷风险。随着时间的推移，信贷失衡可能蔓延至其他信贷领域，从而演变为系统性的普遍失衡，此时要求激活 CCyB。

假设为应对抵押贷款和房地产部门风险，政策当局将 SCCyB 激活至与抵押贷款有关的国内 RWA 的 4%（部门 RWA）。对于银行 A 和 B，这意味着特定银行的资本要求（$CR_i$）为：

$$CR_i = \underbrace{SCCyB\ rate_{domestic} \times SRWA_{domestic}}_{\text{国内 SCCyB}}$$

| | 银行A：专业银行 | 银行B：多元化银行 |
|---|---|---|
| SCCyB (4%) | 4% × 100 = 4 | 4% × 40 = 1.6 |

当信贷失衡逐渐蔓延，造成了普遍的信贷繁荣时，政策当局可能会额外激活 CCyB，使其占总 RWA 的 2.5%，相应的资本要求为：

$$CR_i = \underbrace{\max\{(SCCyB\ rate_{domestic} - CCyB\ rate_{domestic}), 0\} \times SWRA_{domestic}}_{\text{国内 SCCyB}}$$

$$\underbrace{+ CCyB\ rate_{domestic} \times \frac{relevant\ credit\ RWA_{domestic}}{relevant\ credit\ RWA_{total}} \times total\ RWA}_{\text{国内 CCyB}}$$

|  | 银行A：专业银行 | 银行B：多元化银行 |
|---|---|---|
| SCCyB (4%)<br>+CCyB (2.5%) | (4%-2.5%) × 100<br>+2.5% × (140/180) × 200=5.4 | (4%-2.5%) × 40<br>+2.5% × (120/140) × 200=4.9 |

## 2. 普遍风险场景

在这种场景下，信贷失衡从一开始就是普遍的，然后转移至特定的信贷子市场。CCyB 可以处理普遍性的信贷风险，但随着风险变得越来越集中于某个特定部门，可以选择激活 SCCyB，以应对特定部门的信贷失衡。

在该场景下，针对起初出现的普遍的信贷失衡，政策当局激活 CCyB 并将其设置为 RWA 的 2.5%，银行的资本要求为：

$$CR_i = \underbrace{CCyB\ rate_{domestic} \times \frac{relevant\ credit\ RWA_{domestic}}{relevant\ credit\ RWA_{total}} \times total\ RWA}_{\text{国内 CCyB}}$$

|  | 银行A：专业银行 | 银行B：多元化银行 |
|---|---|---|
| CCyB (2.5%) | 2.5% × (140/180) × 200=3.9 | 2.5% × (120/140) × 200=4.3 |

随着信贷失衡逐渐集中于某个特定部门，政策当局可能激活 SCCyB 并额外提升至国内部门 RWA 的 4%，此时银行的资本要求为：

$$CR_i = \underbrace{CCyB\ rate_{domestic} \times \frac{relevant\ credit\ RWA_{domestic}}{relevant\ credit\ RWA_{total}} \times total\ RWA}_{\text{国内 CCyB}}$$

$$\underbrace{+ \max\{(SCCyB\ rate_{domestic} - CCyB\ rate_{domestic}), 0\} \times SWRA_{domestic}}_{\text{国内 SCCyB}}$$

|  | 银行A：专业银行 | 银行B：多元化银行 |
|---|---|---|
| CCyB(2.5%)<br>+SCCyB(4%) | 2.5% × (140/180) × 200<br>+(4%-2.5%) × 100=5.4 | 2.5% × (120/140) × 200<br>+(4%-2.5%) × 40 =4.9 |

## 3. 国际风险场景

在这种场景下,信贷失衡现象同时也在国外出现,于是国内和国外的政策当局都将激活 CCyB 和 SCCyB。

首先,假设外国经历了房地产繁荣,政策当局激活 SCCyB 并将其设置为 1%,在互惠协议(reciprocity arrangements)适用的情况下,资本要求将达到:

$$CR_i = \underbrace{CCyB\ rate_{domestic} \times \frac{relevant\ credit\ RWA_{domestic}}{relevant\ credit\ RWA_{total}} \times total\ RWA}_{国内\ CCyB}$$

$$+ \underbrace{\max\{(SCCyB\ rate_{domestic} - CCyB\ rate_{domestic}),\ 0\} \times SWRA_{domestic}}_{国内\ SCCyB}$$

$$+ \underbrace{\max\{(SCCyB\ rate_{foreign} - CCyB\ rate_{foreign}),\ 0\} \times SWRA_{foreign}}_{国外\ SCCyB}$$

假设本国辖区的缓冲标准要求保持不变(CCyB 为 2.5%,SCCyB 为 4%),则资本要求如下:

|  | 银行 A:专业银行 | 银行 B:多元化银行 |
|---|---|---|
| 国内 CCyB (2.5%) | 2.5% × (140/180) × 200 | 2.5% × (120/140) × 200 |
| + 国内 SCCyB (4%) | + (4%-2.5%) × 100 | + (4%-2.5%) × 40 |
| + 国外 SCCyB (1%) | +1% × 10 = 5.5 | +1% × 10 = 5 |

现在,由于信贷失衡开始蔓延至其他信贷部门,假设国外政策当局增加了 0.5% 的 CCyB,此时资本要求为:

$$CR_i = \underbrace{CCyB\ rate_{domestic} \times \frac{relevant\ credit\ RWA_{domestic}}{relevant\ credit\ RWA_{total}} \times total\ RWA}_{国内\ CCyB}$$

$$+ \underbrace{\max\{(SCCyB\ rate_{domestic} - CCyB\ rate_{domestic}),\ 0\} \times SWRA_{domestic}}_{国内\ SCCyB}$$

$$+ \underbrace{CCyB\ rate_{foreign} \times \frac{relevant\ credit\ RWA_{foreign}}{relevant\ credit\ RWA_{total}} \times total\ RWA}_{国外\ CCyB}$$

$$+\underbrace{\max\left\{\left(SCCyB\ rate_{foreign} - CCyB\ rate_{foreign}\right),\ 0\right\} \times SWRA_{foreign}}_{\text{国外 SCCyB}}$$

|  | 银行 A：专业银行 | 银行 B：多元化银行 |
| --- | --- | --- |
| 国内 CCyB (2.5%) | 2.5% × (140/180) × 200 | 2.5% × (120/140) × 200 |
| + 国内 SCCyB (4%) | +(4%−2.5%) × 100 | +(4%−2.5%) × 40 |
| + 国外 CCyB (0.5%) | +0.5% × (40/180) × 200 | +0.5% × (20/140) × 200 |
| + 国外 SCCyB (1%) | +(1%−0.5%) × 10 = 5.65 | +(1%−0.5%) × 10 = 5.05 |

## 二、宏观审慎政策的传导机制

宏观审慎政策的最终目标在于防范系统性金融风险，提高金融系统的稳定性。与货币政策类似，宏观审慎政策的调控效果并非"立竿见影"，而是从政策工具实施到政策效应的最终显现之间存在着时滞。因此，政策当局需要建立一套"工具—操作目标—中间目标—最终目标"的传导机制，来确保最终目标的实现。与货币政策传导机制的定义类似，宏观审慎政策的传导机制是指政策当局通过宏观审慎政策工具的实施，首先直接影响操作目标，然后传导至中间目标，最后引起最终目标变动的过程。

通常情况下，不同类型的宏观审慎政策工具的传导机制也存在一定差异。在本节，我们主要介绍三类具有代表性的宏观审慎政策工具的传导机制，即资本类宏观审慎政策工具（capital-based macroprudential policy instruments）、资产类宏观审慎政策工具（asset-based MPIs）以及流动性类宏观审慎政策工具（liquidity-based MPIs）。这三类工具主要通过信贷渠道，即改变信贷市场中的供求状况，来减轻银行信贷的顺周期性，从而实现提高金融体系稳定性的目标。参照全球金融体系委员会（CGFS, 2012）的相关报告，下面以三类政策工具中的代表性工具为例,在具体场景中阐述宏观审慎政策的传导机制。

### (一)资本类宏观审慎政策工具的传导机制

资本类宏观审慎政策工具旨在调控金融机构的资本充足率,从而提高其抵御经营风险的能力,常见的具体工具包括逆周期资本缓冲、动态拨备以及部门差别化的资本要求等。从图3-2所显示的一般性传导机制来看,资本类宏观审慎政策工具主要通过资本渠道、信贷渠道以及预期渠道影响金融部门的稳定性,同时,图3-2还揭示了工具泄露以及监管套利等可能削弱政策效果的相关因素。

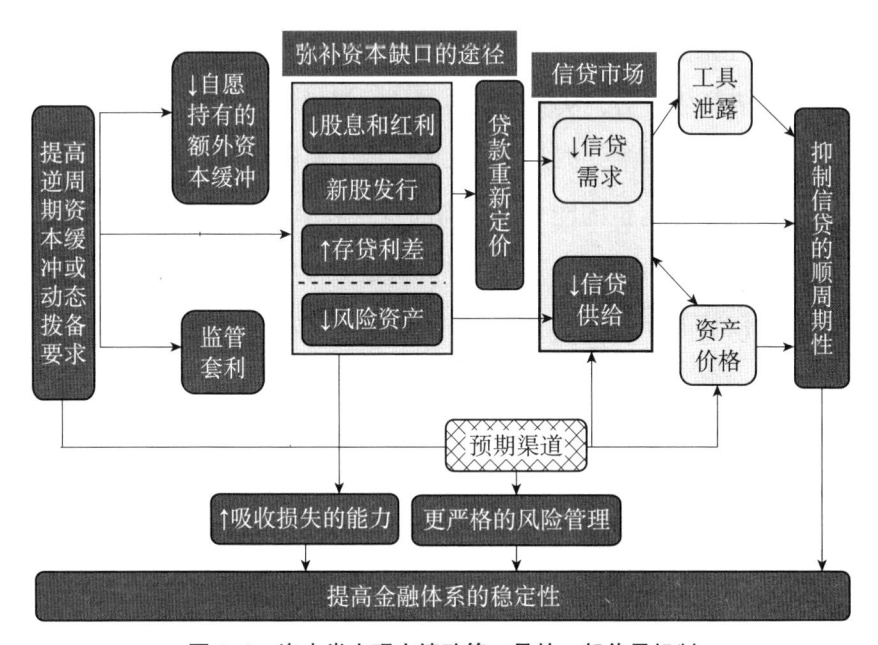

**图3-2 资本类宏观审慎政策工具的一般传导机制**

注:图中浅灰色框为银行可能的反应,深灰色框为市场可能出现的反应。

资料来源:CGFS (Committee on the Global Financial System), 2012, Operationalising the Selection and Application of Macroprudential Instruments, CGFS Papers, Bank for International Settlements, No. 48, June.

1. 主要的传导渠道

首先，从资本渠道来看，在更高的资本监管要求下，银行通过增加自身的资本持有量（操作目标），提高吸收损失的能力，保证信贷和其他金融中介服务的持续供给，降低发生违约或者破产的概率，这有利于银行业整体的稳定（中间目标），进而提高金融体系的稳定性（最终目标）。

其次，从信贷渠道来看，在经济活跃时期实施紧缩性的宏观审慎政策（如提高银行的逆周期资本缓冲或者动态拨备要求）可能使银行出现"资本缺口"，从而需要寻求新的资本来源。一般而言，银行可通过减少股利发放、增发新股、提高存贷利差以及减少风险资产的持有量等途径来弥补资本缺口（操作目标）。前两项措施会降低银行股票对投资者的吸引力，从而提高银行的融资成本，对此，银行的自然反应是提高存贷利差，扩大利润来源。由于银行对已发放且未到期的贷款不具有重新定价的能力，更高的贷款利率将由新的贷款人承担，此时银行贷款的成本相对于其他融资渠道变得更加高昂，借款人将自发地减少信贷需求。因此，前三种途径能够从需求端抑制银行信贷发放，从而减轻经济繁荣时期银行信贷的过度顺周期性（中间目标），进而增强金融体系的稳定性（最终目标）。

由于风险资产是决定银行资本持有量的基数，当监管要求的变动使银行产生资本缺口时，银行可自行减少持有的风险资产，降低需要满足的资本持有总量。为实现这一目标，银行既可以在总量上限制新贷款、新投资等风险资产的增加，又可以在结构上将信贷和担保等高风险权重的资产以加速收回等方式转换为低风险权重的资产（操作目标）。无论是总量上还是结构上的调整，第四种途径都能够从供给端给过热的银行信贷降温，实现对银行信贷的逆周期调节（中间目标），进而提高金融系统的稳定性（最终目标）。以上就是资本类工具传导的信贷渠道。

最后，预期渠道也在资本类工具的传导过程中发挥着重要作用。资本类工具的紧缩会向市场传递关于政策当局意欲给市场降温的信号，这一预期会驱使银行自发进行更加严格的风险管理，从而降低信贷供给；与此同时，其他市场主体也会相应减少投资和贷款需求（操作目标）。在这种情况下，预期效应所引发的市场自我调整行为也会减轻银行信贷的顺周期性，从而抑制银行业的系统性风险（中间目标），并由此促进金融稳定（最终目标）。一般认为，与主要依靠沟通和道义劝告的传统金融监管政策相比，宏观审慎政策因其"变动成本"过大而具有相对稳定性，因而具有更高的公信力，这有助于预期渠道有效发挥作用。这也从另一个角度说明，为保持预期渠道的畅通，政策当局需要科学审慎地决策，一旦宏观审慎政策被公布并实施，就不宜轻易地调整和变动。此外，市场主体对政策意图和工具的理解也是影响预期渠道效应的重要因素，因此，为提高政策的有效性，政策当局应该尽量考虑使用便于理解和常用的资本类工具。

### 2. 工具差异性对传导机制的影响

资本类宏观审慎政策工具的传导机制具有广泛的相似性，但也因为工具本身的差异性而存在一些具体区别。比如，逆周期资本缓冲和动态拨备制度是从宏观角度来调控整个银行业的资本状况，而部门差异化的资本要求则旨在调节银行对经济某一特定领域的信贷供给，因此，与前两种资本类工具相比，部门差异化的资本要求在传导机制上会有一些不同，具体如图 3-3 所示。

当政策当局认为 X 领域存在过热现象，并提高银行对该领域信

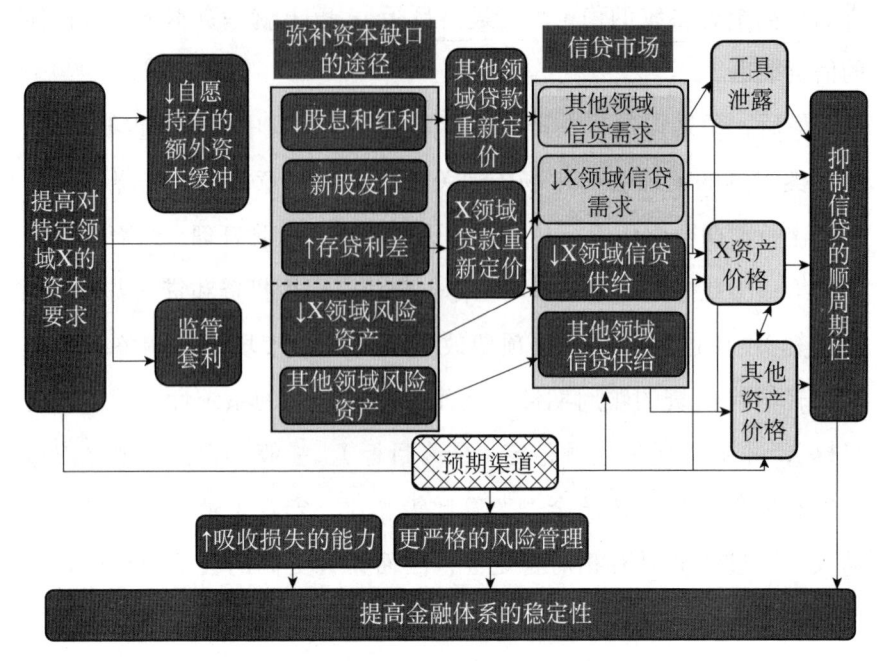

**图 3-3　部门差别化资本要求工具的传导机制**

注：图中浅灰色框为银行可能的反应，深灰色框为市场可能出现的反应。

资料来源：CGFS (Committee on the Global Financial System), 2012, Operationalising the Selection and Application of Macroprudential Instruments, CGFS Papers, Bank for International Settlements, No. 48, June.

贷的资本要求时，银行仍能通过上文已述的四种途径来弥补资本缺口，但区别在于，银行采取第三种或第四种途径时将面临两种选择：一方面，银行可以提高对经济所有领域的存贷利差，或者全方位减少自身持有的风险资产；另一方面，银行可以仅针对 X 领域提高存贷利差，或者减少此领域的风险资产持有量。显而易见，X 领域的存贷利差（风险资产）一定会提高（减少），从而降低该领域的信贷需求（供给），这有助于降低信贷的顺周期性，从而提高金融体系的稳定性。

其他领域信贷规模的变化则会因银行的选择而异。当面临更高的资本要求时，如果银行选择全方位提高（减少）存贷利差（风险资产），那么其他领域的信贷需求（信贷供给）就会相应减少，从而全面缩小银行的信贷规模，实现对信贷的逆周期调节，进而促进金融稳定。但如果银行只针对X领域的存贷差或风险资产进行调节，那么无论是对借款人还是银行而言，其他领域的贷款都会因为具有相对更低的成本而更具有吸引力，于是其他领域的信贷规模会相应增大。在后一种情况下，政策调控对整体银行信贷规模的影响是不确定的，这取决于X领域和其他领域谁受到的影响相对更大。

3. 影响传导有效性的相关因素

虽然资本类宏观审慎政策工具能够通过上述三个渠道有效提高金融体系的稳定性，但仍然存在某些可能降低其有效性的因素：首先，对于更高的资本监管要求，银行可能会通过一对一减少自愿持有的额外资本缓冲来满足，从而抵消政策的调控效果，但因为银行自愿持有的资本缓冲并非无限的，所以这种抵消作用也是有限的。其次，虽然上述机制可通过抑制银行信贷需求来提高金融系统的稳定性，但这始终是治标不治本的方法。借款人可以转向其他成本更低的渠道来满足自身的融资需求，从而将泡沫从银行业转移到其他金融子行业，但风险仍然停留在金融体系内部，即所谓的"工具泄露"现象。最后，在同业竞争越发激烈的趋势下，商业银行有强烈的动机进行监管套利，通过内部模型设计出结构更加复杂的金融产品（通常具有更低的风险权重）来规避资本监管要求。尤其是在政策当局收紧资本类工具时，银行会加剧这种套利行为，从而削弱宏观审慎政策的有效性，据此，政策当局可以考虑同时使用杠杆率这类对风险不敏感的政策工具。

4. 压力测试

上述分析表明，以逆周期性为特征的资本类宏观审慎政策工具的运用使得银行在压力环境下仍具备充足的资本来吸收损失，从而降低信贷供给和其他金融中介服务中断的可能性。在此基础上，一个自然而然的问题是：在何种情境下需要调整银行的资本充足率要求？调整幅度又如何确定？

作为评估单家银行与银行部门弹性的一种方法，压力测试很早之前就被运用于银行业的风险控制领域。然而，在全球金融危机爆发之后，压力测试才走入监管者的视野并逐渐受到青睐。作为一种金融监管工具，宏观压力测试能够揭示金融系统性风险的累积，因而可以为银行评估潜在资本缺口、调整资本水平提供量化指导。理论上，压力测试不仅可以评估各种系统性风险的综合影响，也可以针对特定的系统性风险来源设置压力环境。此外，压力测试也具备捕捉各种风险传染渠道的能力，如资产价值出售与流动性枯竭等。

压力测试的传导机制以压力环境为起始点，通过一系列公式预测银行在压力环境下的预期收益与损失，从而确定银行的净利润与需要满足的资本要求，以此为依据来决定是否以及如何调整银行的资本水平（如图3-4所示）。其中，压力环境一般是指银行遭受未预料到的冲击或者经济中的活动变量（如GDP增速和失业率）、资产价格（如股价和房地产价格）以及利率（如政府债券利率）等发生不利的变化。当测试结果显示银行面临资本缺口时，监管当局将提高对银行的资本要求，此时的传导机制与收紧资本类宏观审慎政策工具时的传导机制一致（见图3-2）。

在常规情况下进行压力测试的目的是保证银行具有充足的资本储备来应对合理范围内的经济衰退。在经济繁荣时期，由于宽松的贷款标准可能会造成更高的贷款损失率，压力测试通常要求银行提高资本水平，以增加银行经营的稳定性，减缓过度的信贷扩张，从而降低系统性风险的累积。然而，压力测试建模的不确定性仍然很大，需要在应用和解释的过程中做出合理的判断。

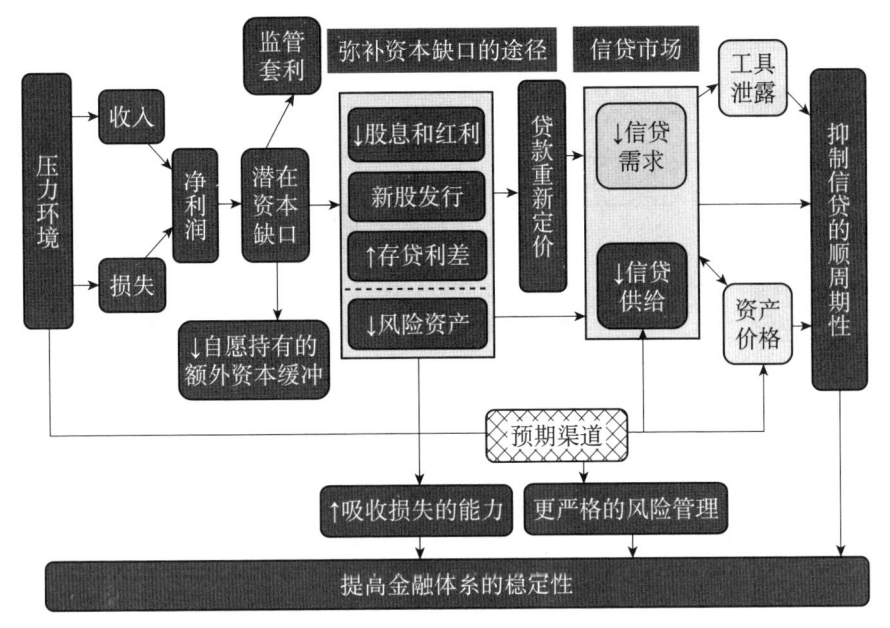

图 3-4 压力测试的传导机制

注：图中浅灰色框为银行可能的反应，深灰色框为市场可能出现的反应。

资料来源：CGFS (Committee on the Global Financial System), 2012, Operationalising the Selection and Application of Macroprudential Instruments, CGFS Papers, Bank for International Settlements, No. 48, June.

## （二）资产类宏观审慎政策工具的传导机制

资产类宏观审慎政策工具的作用机理在于，通过在经济过热时期加强某一类群体的借款限制来实现控制信贷规模的目标。资产类工具通常应用于房地产抵押贷款，常见的工具包括贷款价值比率（LTV）、贷款收入比率（LTI）和债务收入比率（DTI）等。从图 3-5 显示的一般性传导机制来看，信贷渠道和预期渠道依然在资产类工具的传导中发挥着重要作用，而工具泄露和监管套利等因素同样会削弱政策效果。

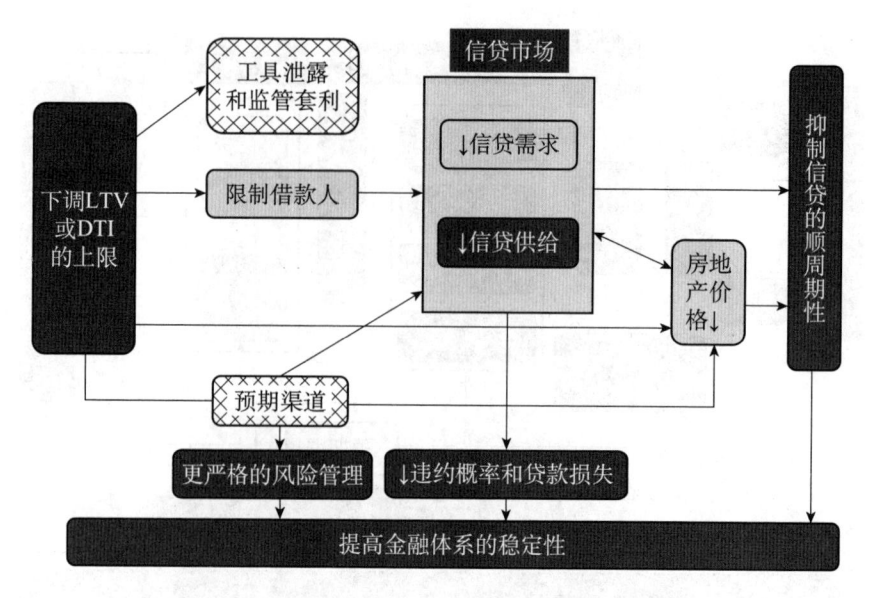

**图 3-5　资产类宏观审慎政策工具的一般传导机制**

注：图中浅灰色框为银行可能的反应，深灰色框为市场可能出现的反应。
资料来源：CGFS (Committee on the Global Financial System), 2012, Operationalising the Selection and Application of Macroprudential Instruments, CGFS Papers, Bank for International Settlements, No. 48, June.

## 1. 主要的传导渠道

当房地产市场出现过热迹象时，政策当局通过下调LTV或DTI的上限来控制银行对家庭的贷款规模（操作目标），从而抑制过热的购房需求，促进房地产市场和房价的稳定（中间目标），进而促进金融稳定（最终目标）。同时，在住房价值和收入水平一定的情况下，家庭的贷款负担和还款压力会减小（操作目标），违约概率相应降低，银行的贷款损失也会相应减少（中间目标），这有助于银行部门乃至整个金融体系的稳定（最终目标）。上述过程就是资产类宏观审慎政策工具传导的信贷渠道。

与资本类宏观审慎政策工具类似，资产类宏观审慎政策工具的变动也能代表政策当局发出的信号，引导市场主体形成合理的预期。当降低LTV上限的信号被市场正确解读之后，金融机构会自发实施严格的风险管理,从而减少对房地产市场的信贷供给;投资者也会将资金配置于房地产以外的领域(操作目标),从而给房地产市场降温(中间目标),避免泡沫在金融系统内聚集(最终目标)。不过,这种基于市场预期的传导机制有时也会脱离政策当局的掌控,比如当市场形成"LTV 即将收紧"的预期时,有购房需求的家庭可能会提前申请住房抵押贷款,这会加速房地产价格的攀升,从而削弱政策调控效果。为了避免出现此类现象,一项政策在出台前,政策当局可能需要做好保密工作。

2.影响传导有效性的相关因素

在现实中,工具泄露以及监管套利等因素也会削弱资产类宏观审慎政策工具对金融系统的调控作用:首先,被限制的购房需求可以由监管范围之外的金融机构予以满足,从而将潜在的金融风险转移到其他领域;其次,在信用评估技术非常完善的情况下,综合信用状况良好的客户可以从银行获得无抵押(无担保)贷款,进而投资于房地产领域;最后,房地产市场可能会产生新的交易模式来规避严格的监管要求,比如出现投资者"合作购房"和"部分购房"的现象,此时由于购房需求并未减少,因而房价不一定下降。上述三种情况都有可能使调控偏离预期方向,因此,在采用资产类宏观审慎政策工具时,政策当局应该同时注意加强对市场的监管。

此外,以 LTV 为代表的资产类宏观审慎政策工具自身的缺陷也会影响政策的有效性。一方面,设置 LTV 上限确实能减少部分购房需求,但这种限制仅仅是针对部分家庭,对于那些完全有能力偿付房款的富裕家庭来说,其购房需求并不会受到明显影响;与此同时,现实中受贷款限制影响更大的往往是那些自有资金不足但又存在购房"刚需"的家庭,这无疑会加剧社会不公平现象,影响社会和谐、稳定。

另一方面,LTV 工具的最终调控效果高度依赖于政策实施后房价的初始变动，并呈现出放大效应。当政策当局下调LTV上限之后，如果房价下降，那么LTV会进一步上升，从而限制家庭获得资产增值抵押贷款，这使得家庭用于消费和投资的资金减少，从而降低经济增速，造成房价的进一步下跌。反之，如果政策实施后房价上升，那么LTV会降到监管标准之下，家庭可以申请更多的资产增值抵押贷款用于消费和投资，进而促进经济增长，带动房价进一步上升。虽然在大多数情况下，收紧LTV工具有利于抑制房地产市场的过热倾向，但房价变动的影响因素通常比较复杂，特别是当市场中存在大量的投机资本时，LTV工具的这种放大作用和不确定性会显著上升，此时政策当局应当以更加审慎的方式进行调控。

## （三）流动性类宏观审慎政策工具的传导机制

流动性类宏观审慎政策工具旨在防止银行在市场繁荣和流动性充裕时期过度依赖短期批发融资（short-term wholesale financing），保证银行拥有充足的优质流动性资产，以应对预期之外的严重流动性压力和冲击。常见的流动性类宏观审慎政策工具包括流动性覆盖率（LCR）、净稳定资金比率（NSFR）、逆周期保证金要求（countercyclical margin requirements，CMR）以及宏观审慎准备金率（macroprudential reserve requirements，MRR）等，此类工具的一般性传导机制如图3-6所示。

### 1. 主要的传导渠道

在经济繁荣时期，政策当局提高流动性监管标准的直接结果是：银行能够更好地应对突发的流动性需求，降低银行在有偿付能力的情况下因流动性不足而发生违约的概率（操作目标），这有利于银行业的稳健发展（中间目标），进而提高金融体系的稳定性（最终目标）。同时，预期渠道也会发挥重要作用，其传导过程与前两类工具相似，但由于流动性类宏观审慎政策工具对金融市场具有更加直接的影响，因此，政策当局不仅要注重对银行的预期引导，同时还要加强与金融市场其他投资者的沟通。

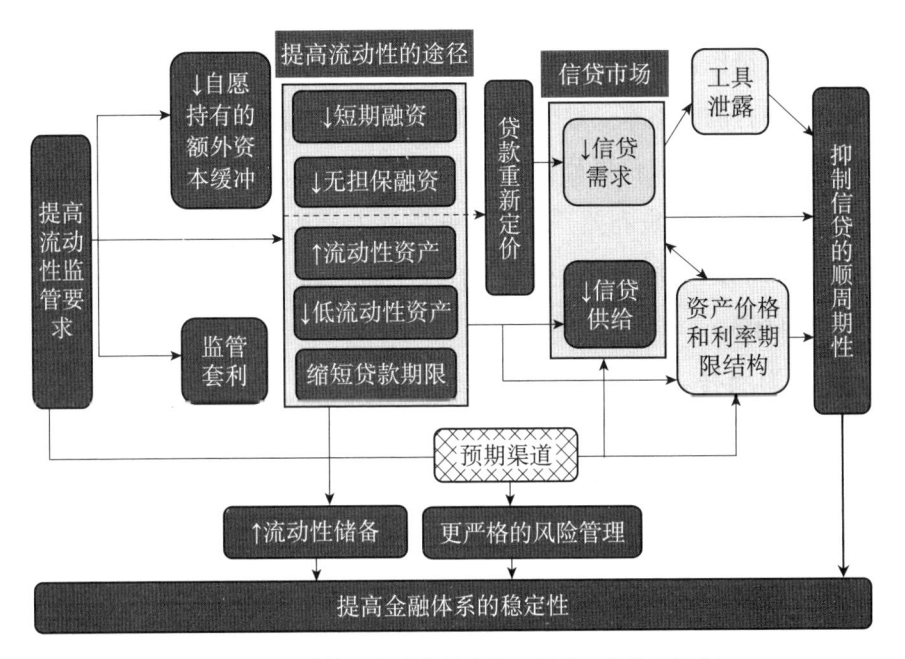

**图 3-6 流动性类宏观审慎政策工具的一般传导机制**

注：图中浅灰色框为银行可能的反应，深灰色框为市场可能出现的反应。

资料来源：CGFS (Committee on the Global Financial System), 2012, Operationalising the Selection and Application of Macroprudential Instruments, CGFS Papers, Bank for International Settlements, No. 48, June.

作为连接投资者与金融市场的纽带，信贷渠道自然在流动性类宏观审慎政策工具的调控过程中发挥着重要作用。具体而言，为满足更高的流动性监管要求，银行需要调整其资产和负债两端，以减轻"借短贷长"所造成的期限错配问题。一般而言，银行可从以下五种方式中选择一种或多种来调节自身的流动性：在负债端，可用长期融资替代短期融资、用有担保的融资替代无担保的融资；在资产端，可用高流动性资产替代低流动性资产、减少需占用稳定资金的资产或者缩短贷款到期期限。

在负债端，用长期、有担保的融资来源替代短期、无担保的融资，保证了银行资金来源的持续性和稳定性，但也增加了银行的融资成本；而在资产端，用高流动性资产替代低流动性资产、减少长期贷款发放（操作目标）的做法，虽然有利于银行及时收回流动性，但也降低了银行的收益率。综合资产和负债两端的情况来看，银行提高自身流动性的必然代价是盈利能力的降低，因此，为弥补利润损失，银行通常会提高存贷利差，这会降低贷款（尤其是长期贷款）的需求（操作目标），抑制信贷的顺周期性（中间目标），进而促进金融稳定（最终目标）。

2. 影响传导有效性的相关因素

图 3-6 还显示了可能影响流动性类宏观审慎政策工具调控效果的四种因素：首先，同资本类宏观审慎政策工具一样，如果银行为了满足流动性监管要求，自愿减少了所持有的额外资本缓冲，那么这会部分抵消政策效果；其次，工具泄露也是重要的原因，特别是随着资本市场的完善，借款人的长期借款需求可以由监管范围之外的其他金融机构满足，进而造成流动性风险从银行业转移到其他金融部门；再次，收紧流动性会影响借款人的风险管理方式，在难以获得长期借款的情况下，借款人会转而利用短期借款来匹配长期资产，从而引起借款人的流动性期限错配，形成新的不稳定因素；最后，银行还可以通过开发一些结构复杂但仅仅是形式上具有高流动性的金融创新产品来规避流动性监管，这也会使得政策当局的风险控制部分失效。

需要特别指出的是，流动性类宏观审慎政策工具的使用可能还与货币政策的传导存在着交互作用。一方面，对于货币数量渠道，如果银行依靠自身的周转运作仍不能达到流动性监管标准，从而转向从中央银行申请贴现贷款来补充自身的流动性，这将导致基础货币投放增加，从而影响中央银行的货币政策目标。另一方面，作为金融市场的重要参与者，金融机构大规模调整其资产负债结构和买卖不同流动性资产的行为，必然造成资产价格的大幅变动，从而引起利率期限结构的调整，进而影响货币政策的利率传导。

从上述代表性宏观审慎政策工具的传导机制不难看出，信贷渠道始终在宏观审慎政策工具的传导过程中扮演着重要角色，这与银行在金融系统中的特殊地位是密不可分的。此外，预期渠道以及政策工具自身的特性也对金融稳定的实现过程具有重要影响。总体来看，宏观审慎政策工具传导的理论逻辑还是比较清晰的，但这并不意味着宏观审慎政策工具是完美的"金融稳定器"，由于工具泄露和监管套利等因素的影响，以及一些政策工具本身存在内在缺陷，这些都可能干扰政策传导的预期渠道，从而削弱宏观审慎政策调控的实际效果。因此，在深入理解相关宏观审慎政策工具传导机制的基础上，不断改进和完善工具的设计，加强对金融市场的监督与规范，同时优化政策进退时机的选择，是政策当局需要在实践中不断思考和探索的问题。

## （四）释放宏观审慎政策工具的传导机制

前面的分析表明，资本类与流动性类宏观审慎政策工具主要通过影响信贷供给来抑制银行信贷的顺周期性，而资产类宏观审慎政策工具则主要通过影响信贷需求来实现这一目标。由于上述传导机制的特殊性，资产类宏观审慎政策工具的最佳释放时机也不同于其他两类工具，即在危机结束后的复苏阶段而非危机发生之时。不失一般性，本小节将集中分析资本类与流动性类宏观审慎政策工具的释放阶段。

当金融周期处于衰退阶段时，监管当局应该放松对银行资本缓冲与流动性储备的要求，避免金融监管出现顺周期倾向，这是宏观审慎政策工具释放的基本原则。此外，宏观审慎政策工具的释放时机也对风险管理效果具有重要影响,例如,在非危机衰退期间,在金融周期真正转向之前过早地释放宏观审慎政策工具可能会带来"第二阵风",进一步加剧金融失衡;而当危机发生之后,宏观审慎政策工具应及时释放,以避免银行过度抛售资产与去杠杆化。因此,建立合理的指标来指导宏观审慎政策工具的最佳释放时机是十分必要的。

然而,在危机与非危机时期,宏观审慎政策工具释放所造成的经济金融动态可能有所差异。当金融周期处于下行阶段但未发生严重危机时,金融体系仍具备足够的偿付能力与流动性,市场约束将不会被触发。然而,伴随着整个金融行业的不景气,银行的损失增加,在既定的风险度量方法与宏观审慎监管要求下,银行需要满足更高的资本与流动性要求。为此,银行可能会选择将资产减值出售或者收缩信贷,这又将进一步加速金融业的衰退与金融危机的形成。在这种情况下,宏观审慎政策工具应该及时释放,避免因监管因素造成银行过度去杠杆化,降低金融危机发生的可能性。释放宏观审慎政策工具时的传导机制与收紧时类似,仅在方向上有所差异。

金融危机往往始于未预料到的冲击,会给金融体系造成巨大损失并引发大量流动性兑付需求。在宏观审慎监管要求下,银行在正常时期积累了一定的逆周期资本缓冲与流动性储备,如果这部分资金足以吸收金融危机带来的负面影响,那么释放宏观审慎政策工具将使银行部门平稳度过危机时期,这是较为理想的情况。然而在另一种极端情况下,金融危机带来的损失与流动性需求远远超出了银行积累的资金储备,此时,旨在改善银行资本水平与流动性状况的政策是维持银行部门健康运转的必要措施。例如,2009年美国实施的监管资本评估项目(Supervisory Capital Assessment Program, SCAP)规定,几家大型银行需要以转换留存收益、发行新股或者联邦注入资本(作为最后救助手段)等方式提高自身资本水平。

鉴于信任与信心在经济金融下行时期的关键作用，预期渠道在宏观审慎政策工具的释放阶段也至关重要。然而，我们难以在事先准确度量预期渠道的作用。一方面，如果市场主体认为释放宏观审慎政策工具是对形势严重性的确认，那么这将加剧危机造成的经济金融波动；另一方面，释放宏观审慎政策工具也可能对市场产生安抚作用，因为它向市场主体传递着积极的信号，即银行资产抛售与去杠杆化的压力将降低。

可靠的宏观审慎政策工具有利于更好地管理市场预期，使政策释放产生更好的效果。然而，宏观审慎政策工具的可信度高度依赖于宏观审慎监管当局的信用，因此监管当局需要：（1）准确识别繁荣期间已经出现或正在显现的脆弱性；（2）明确传达两个阶段（政策工具收紧与释放）政策行动的理由；（3）确保监管的最低要求足以保证银行平稳地度过危机时期；（4）在承诺的时间段内，始终保持低水平的资本与流动性要求；（5）在释放宏观审慎政策工具时，搭配使用危机管理政策（如流动性支持政策），以提高市场主体配合的积极性。

### （五）宏观审慎政策工具运用过程中的交互作用

在前文的分析中，我们主要讨论了单一宏观审慎政策工具的传导机制以及相关影响因素。然而，在现实经济中，不同的宏观审慎政策工具可能会相互影响，从而使政策效果偏离预期轨道。推广开来，不同的经济政策（货币政策、财政政策、宏观审慎政策、产业政策等）之间亦会产生交互作用，进而影响政策目标的实现。为了使我们的分析更具实际意义，本小节将详细讨论不同宏观审慎政策工具之间以及不同政策之间的交互作用。

1. 不同宏观审慎政策工具之间的交互作用

上述传导机制分析中所呈现的各种宏观审慎政策工具都能够有效抑制银行信贷的顺周期性，增加金融体系的稳定性。然而，它们之间并非相互替代的关系，在某些情况下，搭配使用不同的宏观审慎政策工具能更好地应对各种系统性风险。例如，在经济繁荣发展时期，收紧资本类宏观审慎政策工具可以有效避免银行部门的过度杠杆化，与此同时，收紧资产类宏观审慎政策工具可以抑制非银行部门的过度借贷倾向，从而降低整个金融体系的风险累积。

理论上，不同宏观审慎政策工具之间的交互作用主要体现在两个方面：一是资本充足率与流动性监管之间的此消彼长关系，即更高的资本充足率一般伴随着较低的流动性监管要求；二是资本类宏观审慎政策工具的变动可能会影响房价，进而影响资产类宏观审慎政策工具的使用。同样地，当资产类宏观审慎政策工具收紧时，银行可能会调整自身的资产负债组合，从而影响资本与流动性监管要求。在影子银行存在的背景下，宏观审慎政策工具之间的交互作用将更为错综复杂。

为了更好地应对金融体系中的各种系统性风险，监管当局需要建立一个完备的宏观审慎政策"工具箱"，但这也会带来一些风险因素：（1）宏观审慎政策工具之间的搭配失调会降低社会福利水平；（2）对高度目标化的宏观审慎政策工具的不恰当使用将导致经济主体转向微观审慎监管；（3）使用不常见的宏观审慎政策工具将降低监管当局与市场主体间的沟通效率；（4）针对类似风险但影响范围不同的重叠工具可能会导致不利的政治经济波动，因为可能存在应用较窄工具的压力。上述因素都有可能降低宏观审慎政策工具的有效性与公众接受度，为此，赋予监管当局使用一系列宏观审慎政策工具的法律权力，有利于更好地解决源于金融体系顺周期性和部门交叉性的系统性风险。

**2. 不同政策之间的交互作用**

上述分析表明，宏观审慎政策工具能够通过影响信贷周期进而影响产出与通胀水平，因而可能会影响其他政策目标的实现（如货币政策、财政政策、产业政策等），反之亦然。以货币政策与宏观审慎政策为例，一方面，我们需要关注货币政策与宏观审慎政策相互关联的领域；另一方面，我们需要评估两种政策工具设置可能相互冲突的情境。由于政策间的交互作用会影响政策工具的选择与应用，央行需要对此进行密切监控，但这也从另外一个角度说明，搭配使用货币政策与宏观审慎政策可能是有效的，因而需要建立适当的机制来促进二者之间的协调合作，其中，中央银行必须在宏观审慎决策中发挥关键作用，要么作为牵头机构，要么作为独立中央机构、正式委员会或类似体制框架的一部分。

货币政策与宏观审慎政策的交互作用主要体现在以下三个方面：一是政策目标之间的交互影响，宏观审慎政策可以通过改变信贷数量与信贷价格进而影响经济活动，反过来，货币政策则能通过改变利率影响金融体系内的系统性风险累积；二是政策传导机制之间的交互影响，当货币政策利率降低时，经银行信贷渠道（资产负债表渠道）传导，银行将增加信贷供给，如果此时宏观审慎监管当局收紧资本类政策工具，那么本将用于放贷的资金将被用以满足更高的资本监管要求，从而抵消部分货币政策传导的效果；三是货币政策与宏观审慎政策的制定者通常基于相似的数据做出政策决定，例如估值措施、贷款条件和信贷总量等金融状况既是宏观审慎决策的关键信息，也是货币政策的重要信息来源。另外，宏观审慎决策者在制定政策时也会考虑商业周期的状态和货币政策的立场。

## 三、中国宏观审慎政策的调控机理

本节主要对中国目前一些常用的宏观审慎政策的调控机理进行说明。所谓调控机理，主要是指一项政策在现实中是如何进行实施和操作的，以及该政策在实现目标过程中的内在逻辑和传导机制是什么。

## (一)宏观审慎评估体系(MPA)的调控机理

中国人民银行从2009年7月开始系统研究强化宏观审慎监管的政策措施,之后引入"差别准备金动态调整机制",加强外汇流动性和跨境资金流动监管。2015年12月29日晚,央行宣布自2016年起将现有的差别准备金动态调整和合意贷款管理机制升级为宏观审慎评估体系(MPA)。

MPA继承了"资本充足率是评估的核心"这一基本要求,关注范围进一步扩大,涵盖资本和杠杆情况、资产负债情况、流动性、定价行为、资产质量、外债风险、信贷政策执行等七大方面内容,具体细分为14个基本指标(见表3-4)。中国人民银行可以根据宏观调控的需要,对MPA的指标构成、权重和相关参数、评分方法等进行调整。

表3-4 MPA考核指标和打分表

| 七大方面 | 14个基本指标和分数配置情况 |
| --- | --- |
| 资本和杠杆情况(100分) | 资本充足率(80分),杠杆率(20分) |
| 资产负债情况(100分) | 广义信贷(60分),委托贷款(15分),同业负债(25分) |
| 流动性(100分) | 流动性覆盖率(40分),净稳定资金比率(40分),遵守准备金制度情况(20分) |
| 定价行为(100分) | 利率定价(100分) |
| 资产质量(100分) | 不良贷款率(50分),拨备覆盖率(50分) |
| 外债风险(100分) | 外债风险加权余额(100分) |
| 信贷政策执行(100分) | 信贷执行情况(70分),央行资金运用情况(30分) |

在具体的考核方法上,MPA按季评估,各项指标的满分均为100分,其中优秀线为90分,达标线为60分。评估结果分A、B、C三档:如果上述七大类指标均达到优秀线,则归为A档机构;资本和杠杆情况及定价行为这两项为"一票否决"项目,其中任一不达标者,或剩余五大类任意两项及以上不达标者,均归为C档机构;剩余为B档

机构。

在激励和约束机制方面，中国人民银行对 A 档机构实施以下优惠政策：给予 1.1～1.3 倍的法定存款准备金利率，优先发放支农支小再贷款再贴现，优先金融市场准入及各类金融债券发行审批，金融创新产品先行先试等。同时，中国人民银行对 C 档机构实施以下惩戒政策：执行 0.9～0.7 倍的法定存款准备金利率，单独提高 SLF 利率，金融市场准入及各类金融债券发行受控，被调出一级交易商名单等等。至于 B 档机构，既不享受激励政策，也不受更多约束。

在 MPA 评估框架下，一个非常具有代表性的指标是"宏观审慎资本充足率"（$C_i^*$），这是中国人民银行在 MPA 考核体系中新推出的一个考核指标，其计算公式为：

$$C_i^* = \alpha_i \times （最低资本充足率要求 + 储备资本 + 系统重要性附加资本 + 逆周期资本缓冲）$$

式中，$\alpha_i$ 为结构性参数，取值在 1～1.1 之间，主要参考机构稳健性状况和信贷政策执行情况，其基准值为 1，并据以下情况进行上调：（1）经营稳健性状况：考核季度内内控管理、支付系统出现重大问题，发生案件及负面舆情等情况上调 0.05；（2）信贷政策执行情况：考核季度内月均转贴现余额占比或新增占比超过法人机构平均水平上调 0.05。

公式中的最低资本充足率要求和储备资本参考监管部门指标，根据 2012 年颁布的《商业银行资本管理办法（试行）》，商业银行的最低资本充足率要求为 8%，储备资本要求为风险加权资产的 2.5%。

机构 $i$ 的系统重要性附加资本按照如下公式计算：

$$系统重要性附加资本 = 0.5\% + (1\% - 0.5\%) \times \frac{机构 i 的资产规模}{最大机构资产规模}$$

此外，逆周期资本缓冲的计算公式为：

$$\text{逆周期资本缓冲} = \max\{\beta_i \times [\text{机构}i\text{广义信贷增速} - (\text{目标GDP增速} + \text{目标CPI})], 0\}$$

式中，$\beta_i$ 为机构 $i$ 对整体信贷顺周期的贡献度参数，计算公式为：

$$\beta_i = \text{宏观经济热度参数}(\beta_{i1}) \times \text{系统重要性参数}(\beta_{i2})$$

式中，宏观经济热度参数（$\beta_{i1}$）由央行根据"广义信贷/GDP"偏离其长期趋势值的程度测算，结合形势变化适时调整；系统重要性参数（$\beta_{i2}$）根据不同银行系统重要性差异调整其对整体信贷偏离度的贡献，在 0.5~1 之间赋值。综合来看，$\beta_i$ 的取值范围一般在 0.4~0.8 之间。

根据上述公式，假定目标 GDP 增速为 6.5%，CPI 增速为 3%，则宏观审慎资本充足率 $C_i^*$ 的计算公式可以简化为：

$$C_i^* = \alpha_i \times (8\% + 2.5\% + \text{系统重要性附加资本} + \max\{\beta_i \times [\text{机构}i\text{广义信贷增速} - 9.5\%], 0\})$$

根据上述公式，显而易见，在结构性参数、目标 GDP 和 CPI 给定的情况下，$C_i^*$ 的计算结果更多地取决于广义信贷增速和系统重要性附加资本要求。

按照现行的 MPA 考核标准，如果某机构的实际资本充足率（$C$）低于宏观审慎资本充足率超过 4 个百分点（$C_i^* - C > 4\%$），那么该机构的资本充足率考核就为不合格（0 分）。因此，MPA 可以从"时间"和"跨部门"两个维度进行宏观审慎管理：在时间维度上，由于金融机构广义信贷的扩张会导致更高的宏观审慎资本充足率要求，因此，MPA 的资本充足率考核会抑制金融机构的信贷扩张冲动，从而降低广义信贷的顺周期性；在跨部门维度上，由于系统重要性金融机构要比普通金融机构具有更高的宏观审慎资本充足率，这使得系统重要性金融机构需要通过提高资本充足率或比普通金融机构更大幅度地降低广义信贷增速来满足考核要求，因此，MPA 的资本充足率考核可以同时强化对系统性金融机构的监管要求。

当然，除了资本充足率考核外，MPA还体现了其他方面的宏观审慎考虑，比如，"广义信贷"的统计口径包含了信贷、债券投资、股权投资及其他投资、买入返售资产等项目，填补了之前金融机构通过"资产腾挪"规避监管和调控的风险盲区，体现了风险资产全面覆盖的基本要求。又比如，MPA从流动性覆盖率、净稳定资金比率和遵守准备金制度情况三个方面加强了流动性风险管理，同时通过加强外汇流动性和跨境资金流动管理抑制外汇市场相关风险。此外，MPA还强调了利率定价行为，一个指标100分，一方面是对银行负债结构和风险定价能力监管的加强，另一方面也有助于推动利率市场化以及货币政策向价格型调控转型。

总体来看，MPA综合考虑了金融机构的稳健性状况和系统重要性程度，引导和鼓励金融机构加强审慎经营，执行逆周期调节的广义信贷投放，并以此降低系统性风险和促进金融稳定。由于MPA涵盖了多个方面的内容和指标，因此本质上是一个"工具箱"式的综合管理工具，其核心传导机制可大致概括为：

MPA考核（政策工具）→14个基本指标（操作目标）→金融机构的广义信贷投放和风险承担（中间目标）→系统性风险和金融稳定（最终目标）

## （二）房贷最低首付比政策（LTV限制）的调控机理

贷款价值比率（LTV）是指贷款金额和抵押品价值的比例。LTV指标越高，投资者（消费者）使用自有资金的比例越小，从银行贷款的金额比例越大。因此，对某类资产的LTV最高比例进行限制，相当于限制银行对此类资产的贷款或限制投资者对此类资产的投资杠杆。在宏观审慎管理方面，在资产价格的繁荣或泡沫时期，政策当局通过降低某类资产的 LTV 上限（LTV caps），可以抑制银行对该类资产的贷款比例，从而达到抑制资产价格、投资杠杆和银行信贷顺周期性的目的。

LTV 上限在房地产领域的一个重要应用是我们通常所说的"最低首付款比例"，该比例实际上是 LTV 上限的一个反向指标，即：

$$最低首付款比例 = 1 - LTV 上限$$

举例而言，如果某客户 A 需要购买总价为 100 万元人民币的住房一套，同时政策规定的最低首付款比例为 20%，对应的 LTV 上限≤80%，则银行最多只能贷款给该客户 80 万元人民币。如果政策规定的最低首付款比例提高到 40%，则对应的 LTV 上限≤60%，此时银行最多只能贷款给该客户 60 万元人民币。

因此，提高房地产住房抵押贷款的最低首付款比例，相当于降低住房抵押贷款的 LTV 上限，这会抑制银行对住房的抵押贷款投放，从而减少银行对房地产价值波动的风险敞口，同时，贷款可得性的下降会抑制购房需求，从而减轻房价和银行信贷的顺周期性，避免房地产和信贷市场出现过度的、可能引发危机的泡沫化倾向。除直接抑制住房抵押贷款的风险之外，由于房地产同时也是银行发放其他贷款的重要抵押品和担保品，因此，通过 LTV 上限管理抑制房地产市场的过度顺周期性，实际上有助于从整体上抑制银行体系的系统性风险。

2000 年之后，特别是 2003 年之后，中国的房地产市场迅速发展，房价开始不断攀升。不断上涨的房价不仅成为社会话题，而且引发了各界对于房价泡沫和金融风险的普遍担忧，特别是由于美国次贷危机的前车之鉴，及时控制房地产金融风险成为宏观审慎政策调控的重要内容。尤其是在 2009 年，在"四万亿元"刺激计划和 10 万亿元银行信贷的推动下，中国的房地产市场再次出现"井喷"情况，不少地区的房价在短短半年时间内涨幅超过 50%。在这一背景下，2010 年 4 月

13 日召开的国务院常务会议要求，对贷款购买第二套住房的家庭，贷款首付款不得低于 50%，贷款利率不得低于基准利率的 1.1 倍；对购买首套住房且套型建筑面积在 90 平方米以上的家庭，贷款首付款比例不得低于 30%。4 月 17 日，国务院下发《关于坚决遏制部分城市房价过快上涨的通知》，指出房价过高地区可暂停第三套及以上住房放贷。

此后，房地产信贷的宏观审慎调控不断强化和完善。比如 2015 年《关于个人住房贷款政策有关问题的通知》和 2016 年《关于调整个人住房贷款政策有关问题的通知》要求，在不实施"限购"措施的城市，居民家庭首次购买普通住房的商业性个人住房贷款，原则上最低首付款比例为 25%，中国人民银行分支机构可根据各地实际情况向下浮动 5 个百分点，对拥有 1 套住房且相应购房贷款未结清的居民家庭，为改善居住条件再次申请商业性个人住房贷款购买普通住房，最低首付款比例调整为不低于 30%。2017 年以来，在"房住不炒"政策的持续调控下，一二三线城市的房价涨幅出现了明显的分化，在这种情况下，中国人民银行开始实施"因城施策"和差别化的住房信贷政策，强调在国家统一政策的基础上，可结合所在城市实际，自主确定辖内商业性个人住房贷款的最低首付款比例。

总体来看，基于最低首付款比例调整的房地产 LTV 限制类工具正成为中国宏观审慎政策工具箱中的重要工具，该工具从金融机构的资产端控制信贷投放，同时从借款人的负债端控制投资杠杆，目标是抑制房价泡沫和控制银行信贷风险，进而促进房地产市场和银行体系的共同稳定。因此，房地产 LTV 限制的核心传导机制可大致概括为：最低首付款比例/LTV 限制（政策工具）→住房贷款价值比率 LTV（操作目标）→房价和银行信贷（中间目标）→房地产市场和银行部门稳定（最终目标）。

## (三)全口径跨境融资宏观审慎管理的调控机理

2016年,中国人民银行发布了《关于在全国范围内实施全口径跨境融资宏观审慎管理的通知》,明确将根据宏观经济热度、国际收支状况和宏观金融调控需要对跨境融资杠杆率、风险转换因子、宏观审慎调节参数等进行调整,并对27家银行类金融机构跨境融资进行宏观审慎管理。国家外汇管理局对企业和除27家银行类金融机构以外的其他金融机构跨境融资进行管理,并对企业和金融机构进行全口径跨境融资统计监测。中国人民银行、国家外汇管理局之间建立信息共享机制。

根据这一政策,企业和金融机构开展跨境融资按风险加权计算余额,风险加权余额不得超过上限,即:跨境融资风险加权余额≤跨境融资风险加权余额上限,其中跨境融资风险加权余额按如下公式计算:

$$\text{跨境融资风险加权余额} = \Sigma \text{本外币跨境融资余额} \times \text{期限风险转换因子} \times \text{类别风险转换因子} + \Sigma \text{外币跨境融资余额} \times \text{汇率风险折算因子}$$

式中,本外币跨境融资涵盖表内融资和表外融资;还款期限在1年(不含)以上的中长期跨境融资的期限风险转换因子为1,还款期限在1年(含)以下的短期跨境融资的期限风险转换因子为1.5;表内融资的类别风险转换因子设定为1,表外融资(或有负债)的类别风险转换因子暂定为1;汇率风险折算因子为0.5。

跨境融资风险加权余额上限的计算公式为:

$$\text{跨境融资风险加权余额上限} = \text{资本或净资产} \times \text{跨境融资杠杆率} \times \text{宏观审慎调节参数}$$

其中,对于资本或净资产项,企业按净资产计,银行类金融机构(包括政策性银行、商业银行、农村合作银行、城市信用合作社、农村信用合作社、外资银行）按一级资本计，非银行金融机构按资本（实收资本或股本＋资本公积）计，以最近一期经审计的财务报告为准；企业和非银行金融机构的跨境融资杠杆率为1，银行类金融机构为0.8；宏观审慎调节参数为1。

在调控方式上，中国人民银行建立跨境融资宏观风险监测指标体系，在跨境融资宏观风险指标触及预警值时，采取逆周期调控措施，控制系统性金融风险。逆周期调控措施可以采用单一措施或组合措施的方式进行，也可针对单一、多个或全部企业和金融机构进行。总量调控措施包括调整跨境融资杠杆率和宏观审慎调节参数，结构调控措施包括调整各类风险转换因子。根据宏观审慎评估（MPA）的结果对金融机构跨境融资的总量和结构进行调控，必要时还可根据维护国家金融稳定的需要，采取征收风险准备金等其他逆周期调控措施，防范系统性金融风险。

在约束机制方面，企业和金融机构因风险转换因子、跨境融资杠杆率和宏观审慎调节参数调整导致跨境融资风险加权余额超出上限的，原有跨境融资合约可持有至到期，但在跨境融资风险加权余额调整到上限内之前，不得办理包括跨境融资展期在内的新的跨境融资业务。对于超上限开展跨境融资的，或融入资金使用与国家、自贸区的产业宏观调控方向不符的，中国人民银行或国家外汇管理局可责令其立即纠正，依法进行处罚，情节严重的暂停其跨境融资业务；同时，金融机构的跨境融资行为纳入MPA考核，对情节严重的可视情况向其征收定向风险准备金。对于办理超上限跨境融资结算的金融机构，责令其整改；对于多次发生办理超上限跨境融资结算的金融机构，可暂停其跨境融资结算业务。

从全口径跨境融资宏观审慎管理的上述调控方式可以看出，该政策是同时从总量和结构入手对跨境融资进行逆周期调节和风险控制，其核心传导机制可大致概括为：

全口径跨境融资宏观审慎管理（政策工具）→跨境融资风险加权余额/跨境融资风险加权余额上限（操作目标）→跨境融资的总量和结构（中间目标）→系统性风险和金融稳定（最终目标）

## （四）其他宏观审慎政策的调控机理

在中国现有的宏观审慎政策实践中，政策部门手中除上述常用的几个典型工具外，还有一些临时性、辅助性或"非常时期"使用的政策工具，包括证券市场流动性支持（平准基金）、存款保险制度和问题金融机构的早期处置等。

### 1. 证券市场流动性支持（平准基金）

2015年，在股票市场大幅震荡的背景下，5月7日，证监会宣布中国证券金融股份有限公司已获得中国人民银行充足的流动性支持，并持续通过多渠道向证券公司提供足额资金。同时，中国证券金融股份有限公司通过股票质押的方式，向21家证券公司提供了2 600亿元的信用额度，用于证券公司自营增持股票。通过此次操作，中国证券金融股份有限公司实际上已经从专门的融通机构转变为股市"平准基金"，形成了央行—中国证券金融股份有限公司—证券公司的资金注入体系。这在一定程度上提高了股市流动性，稳定了股市的恐慌情绪。这也是中国人民银行首次直接介入资本市场。

平准基金（又称"干预基金"）实际上是证券市场常见的一类用于维护市场稳定的政策性基金，一般由政府通过特定的机构以法定的方式建立。这类基金可以通过对证券市场的逆向操作，如在股市出现恐慌情绪和非理性暴跌时买进，在投机严重和出现严重泡沫时卖出，以达到稳定证券市场的目的。中央银行的证券市场流动性支持和平准基金作为一种宏观审慎政策工具，其核心传导机制可大致概括为：

中央银行的证券市场流动性支持/平准基金（政策工具）→证券市场的流动性（操作目标）→证券市场价格指数及其稳定性（中间目标）→系统性风险和金融稳定（最终目标）

不过，需要特别指出的是，中央银行针对证券市场的直接流动性支持和平准基金一般只在市场存在严重失灵、可能诱发系统性风险的特殊时期使用，日常情况下中央银行不宜过度介入证券交易市场，更不宜将熨平证券市场的日常价格波动作为宏观审慎政策的中介目标，以免导致不公平竞争和引发市场严重的道德风险问题。此外，中央银行在通过证券市场流动性支持和平准基金稳定证券市场之后，应该采取及时、有序和稳妥的退出策略，避免给市场造成新的不稳定。

2. 存款保险制度和问题金融机构的早期处置

作为金融安全网的核心支柱之一，存款保险制度于2015年5月1日在中国正式实施。中国的存款保险制度主要包括以下内容：一是实行强制保险，范围覆盖境内依法设立的所有存款类金融机构；二是实行限额赔付，将限额确定为50万元，该限额能够为99.63%的存款人（包括各类企业）提供全额保护；三是基准费率和风险差别费率相结合，对风险较高的存款类金融机构适用较高费率，反之则适用较低费率。存款保险制度的主要作用是通过前置性地承诺在金融机构发生破产倒闭风险时，存款人可以获得一定的（通常对普通存款人而言是充分的）赔偿，从而降低存款人在金融机构遭遇困难时"竞相挤兑"而造成的流动性危机和风险传染。

不过，当金融机构出现问题时，不一定会最终走向破产，基于宏观审慎的早期处置机制可能提前运作，典型的措施如接管和重组等。比如，2019年5月24日傍晚，中国人民银行和银保监会联合发布公告：鉴于包商银行出现严重信用风险，为保护存款人和其他客户合法权益，银保监会决定自2019年5月24日起与有关方面组建接管组对包商银行实行接管，接管期限为1年。自接管开始之日起，接管组全面行使包商银行的经营管理权，并委托中国建设银行托管包商银行业务。中国建设银行组建托管工作组，在接管组指导下，按照托管协议开展工作。接管后，包商银行正常经营，客户业务照常办理，依法保障银行存款人和其他客户的合法权益。

总体来看，以存款保险制度和问题金融机构处置机制为代表的宏观审慎政策主要是在金融机构出现严重问题的情况下使用的，其目的是从金融机构角度防范和化解可能引发市场恐慌的系统性风险，进而促进金融稳定。此类宏观审慎政策的核心传导机制为：

存款保险和早期处置机制（政策工具）→问题金融机构的稳定（操作目标）→银行体系的稳定（中间目标）→系统性风险和金融稳定（最终目标）

# 第四章
# 宏观审慎政策的早期预警体系

## 一、宏观审慎政策的早期预警方法

从决策程序上看，宏观审慎决策信息的提取是整个宏观审慎实施过程的第一步，它不仅为后续的宏观审慎工具选择和政策实施提供关键的信息基础，而且有助于及早发现经济和金融体系中各种隐藏的不稳定因素。从分析手段来看，宏观审慎分析的定量化监测工具主要包括危机的早期预警体系、宏观压力测试、系统性金融风险的测度与评估等。这些分析和监测的主要目标在于探测潜在的金融不稳定因素，并对系统性金融风险的范围、程度和经济影响进行分析、预测和评估。

### （一）危机的早期预警系统

金融危机指数（financial distress indicator）和早期预警指标是监测金融体系风险的两个重要方法。金融危机指数是为监测金融体系的系统性风险、勘察金融体系的健康状况而发展的描述性统计方式，主要基于财务报表和市场数据编制，最典型的财务报表指数如国际货币基金组织开发的金融稳健指标体系（financial soundness indictors, FSIs）。

针对 20 世纪 90 年代很多经济体出现的金融危机，为强化金融稳定评估，国际货币基金组织（IMF）与世界银行（World Bank）于 1999 年开始合作推动"金融部门评估计划"（Financial Sector Assessment Program，FSAP），协助接受评估国家找出其金融体系的风险与弱点、金融部门绩效与总体经济之间的关系、金融部门发展需要以及协助这些国家拟定适当的政策措施。在该项评估计划下，IMF 推出了金融稳健性衡量标准——金融稳健指标体系。

IMF 金融稳健指标体系共 39 项，按指标的重要性及资料取得的容易程度，分为核心组（core set）与建议组（encouraged set）两类：核心组指标共 12 项，主要为与金融稳定直接相关的存款机构的各项财务比率；建议组指标共 27 项，包括存款类金融机构、其他金融公司、非金融企业部门、家庭部门、市场流动性及房地产市场等 6 类。编制金融稳健指标体系的主要目的是监测金融机构、金融市场及作为其交易对手方的公司和家庭部门的健康与稳健程度，进而对金融体系的整体风险及其脆弱性程度做出判断。

IMF 的金融稳健指标体系包括金融机构的汇总信息以及反映金融机构赖以运行的金融市场指标，是一种关于金融体系稳健性的直接衡量标准。但由于以下两个方面的原因，金融稳健指标体系并不适用于预测金融危机：一是金融稳健指标体系的观测值有限，这使得它们在解释或预测危机事件方面用处不大；二是很多金融稳健指标，比如不良贷款率、资本充足率等，都属于同步或滞后指标，而不是先行指标。由于对金融体系状况的描述性统计存在滞后性，金融危机指数充其量只能作为金融体系压力的同期指标（Bongini，Laeven and Majnoni，2002）。当然，作为一种比较直观的宏观审慎性分析，金融稳健指标体系通过关注国内金融体系的风险和脆弱性程度，可以作为早期预警模型的补充（ADB，2005）。

## 第四章 宏观审慎政策的早期预警体系

与金融稳健指标体系不同，危机的早期预警系统模型通常利用宏观经济指标作为解释变量，主要关注金融危机的触发条件并对危机事件进行预测。从已有文献来看，1997年亚洲金融危机之前，预测货币危机的模型包括 Sachs, Tornell and Velasco（1996）和 Kaminsky, Lizondo and Reinhart（1998）以及 Frankel and Rose（1996）等，预测银行危机的如 Demirgüç-Kunt and Detragiache（1998）等。亚洲金融危机之后，一些学者对早期预警系统模型进行了改进、补充和完善，如以庄巨忠（2005）为代表的"早期预警系统非参数模型"和以 Younghoon Koo 等（2005）等为代表的"早期预警系统参数型模型"。

从预测方法上看，大部分早期预警系统模型都遵循 Kaminsky 和 Reinhart（1999）所倡导的"信号法"，该方法包括五个基本步骤，即：确定历史上危机事件的时间，选择预测危机的先行指标，设定被选择先行指标的临界值，构造综合指标，预测危机。下面我们以早期预警系统参数型模型为例，对早期预警系统的模型框架进行简要介绍。

早期预警系统参数型模型试图利用离散选择计量方法来估计金融危机的发生概率。离散选择计量方法通常采用 Probit 或者 Logit 方法。在大多数研究中，这两种方法产生的结果差别不大，两种方法都被广泛使用。在利用面板数据进行估计的离散选择模型中，通常假定存在一个隐含变量 $y_{it}^*$，$y_{it}^*$ 由如下形式的回归方程确定：

$$y_{it}^* = \beta' x_{it} + \varepsilon_i + \mu_{it} \tag{4-1}$$

式中，$x_{it}$ 为解释变量向量；$\beta'$ 为参数向量；$\varepsilon_i$ 为特定国家（地区）效应，既可以是随机效应 [此时 $\varepsilon_i$ 服从 $N(0, \sigma_i^2)$ 分布]，也可以是固定效应（此时 $\varepsilon_i$ 为常数）；$\mu_{it}$ 是独立正态分布的干扰项，其均值和方差分别为0和1；下标 $i$ 和 $t$ 分别表示国家（地区）和时期。根据面板数据所选择的不同跨度，时期可以是年度、季度或者月度。隐含变量

$y_{it}^*$ 虽然不可观测，但可以定义一个可观测的虚拟变量 $y_{it}$：

$$y_{it} = \begin{cases} 1, & y_{it}^* > 0 \\ 0, & \text{其他情况} \end{cases} \quad (4\text{-}2)$$

根据方程（4-1）和（4-2），可以得到：

$$\text{Prob}(y_{it}=1) = \text{Prob}(\mu_{it} > -\beta'x_{it}) = 1 - F(-\beta'x_{it}) = F(\beta'x_{it}) \quad (4\text{-}3)$$

其中，$\text{Prob}(y_{it}=1)$ 是 $y_{it}$ 在 $\beta'x_{it}$ 的条件下为 1 的概率。Probit 模型假设 $F(\beta'x_{it})$ 由标准正态累积分布函数 $\Phi(\beta'x_{it})$ 描述，即：

$$\Phi(\beta'x_{it}) = \frac{1}{\sqrt{2\pi}} \int_{-\infty}^{\beta'x_{it}} \exp(-\frac{z^2}{2}) dz \quad (4\text{-}4)$$

式中，$z$ 由 $\beta'x_{it}$ 经均值和标准差标准化后得到。

离散选择计量方法的另一个可选模型是 Logit 模型，该模型假定 $F(\beta'x_{it})$ 遵循逻辑累积分布函数 $\Omega(\beta'x_{it})$，即：

$$\Omega(\beta'x_{it}) = \frac{e^{\beta'x_{it}}}{1 + e^{\beta'x_{it}}} \quad (4\text{-}5)$$

在估计上述面板数据模型时，为确定特定国家效应的具体形式，可使用标准的 Hausman 检验方法，在固定效应和随机效应中进行选择。

根据上述建模方法，在实际估计过程中，第一步是确认危机事件。假定危机窗口设定为 24 个月，那么，对于危机事件前 24 个月内的所有月份，因变量均取值 1，其他月份均取值 0。在这种情况下，$\text{Prob}(y_{it}=1)$ 表示金融危机在未来 24 个月内发生的概率值。

因变量构建完毕之后，第二步是选择合适的解释变量。解释变量的选择是否妥当，往往对模型的最终表现具有决定性影响。在选择解释变量时，通常将非参数模型的若干个候选指标的不同子集作为备选对象予以检验，筛选的标准是各个指标的系数显著性和伪 $R^2$。解释变量的选择可能是危机早期预警系统参数型模型中最富多样性的一个部分，不同的研究者基于不同样本的解释变量选择往往存在显著差异。表 4-1 给出了相关研究的一个统计性概览。

表4-1 危机预警的常用判断指标及在研究中的使用频次

| 分类 | 变量 | 研究使用的数量 | 统计结论的重要性 |
|---|---|---|---|
| 资本账户 | 国际外汇储备 | 12 | 11 |
| | 短期资本流入 | 2 | 1 |
| | 外商直接投资 | 2 | 2 |
| | 资本账户平衡 | 1 | — |
| | 国内外利率差异 | 2 | 1 |
| 债务类 | 国外援助 | 1 | — |
| | 外部债务 | 2 | — |
| | 公共债务 | 1 | — |
| | 商业银行贷款份额 | 1 | 2 |
| | 重组贷款比例 | 2 | 2 |
| | 变动利率债务比重 | 2 | — |
| | 短期债务比重 | 2 | — |
| | 多边发展银行债务比例 | 1 | — |
| 货币账户 | 实际汇率 | 14 | 14 |
| | 货币账户平衡 | 7 | 2 |
| | 贸易平衡 | 3 | 2 |
| | 出口 | 3 | 2 |
| | 进口 | 2 | 1 |
| | 进出口交换比率 | 3 | 2 |
| | 出口价格 | 1 | — |
| | 储蓄 | 1 | — |
| | 投资 | 2 | — |
| | 汇率期望 | 1 | — |
| 国际因素 | 国外实际 GDP 增长 | 2 | 1 |
| | 国外利率 | 4 | 2 |
| | 国外价格水平 | 2 | 1 |

续表

| 分类 | 变量 | 研究使用的数量 | 统计结论的重要性 |
| --- | --- | --- | --- |
| 其他金融因素 | 同类市场保险费 | 1 | 1 |
| | 中心汇率 | 1 | 1 |
| | 汇率区间 | 1 | 1 |
| | 货币需求缺口 | 1 | 1 |
| | 银行存款变化 | 1 | — |
| | 中央银行对银行的信用 | 1 | 1 |
| | 货币供给 | 3 | 2 |
| | M2/国际储备 | 3 | 3 |
| 实体部门因素 | 通货膨胀 | 5 | 5 |
| | 实际 GDP 增长 | 9 | 5 |
| | 就业/失业 | 3 | 2 |
| | 股价变化 | 1 | 1 |
| 传染 | 危机扩散模型 | 1 | 1 |
| 财政 | 财政赤字 | 5 | 1 |
| | 政府消费 | 1 | 3 |
| | 对公共部门信贷量 | 3 | 1 |
| 制度/结构 | 多重汇率机制 | 1 | — |
| | 外汇/资本控制 | 2 | 1 |
| | 开放度 | 1 | 1 |
| | 贸易集中度 | 1 | — |
| | 银行危机 | 1 | 1 |
| | 金融自由化 | 2 | 1 |
| | 以往外汇市场危机 | 1 | 1 |
| | 以往外汇市场事件 | 1 | — |
| 政治因素 | 政府成功 | 1 | — |
| | 政府损失 | 1 | 1 |
| | 合法政权转变 | 1 | 1 |
| | 非法政权转变 | 1 | 1 |

资料来源：Kaminsky, G. L., Lizondo, S. and C. M. Reinhart, 1998, Leading Indicators of Currency Crises, IMF Staff Paper, No.1.

在确定了合适的解释变量之后，第三步是对模型表现进行评估。早期预警系统参数型模型将对每个期间后面指定窗口（如前文设定的24个月）时间内的危机发生概率进行估计。为确定是否发出了危机信号，首先需要选择一个临界值概率P。如果当期的估计概率大于P，就发出了危机信号。当危机信号发出后，有两种可能的结果：如果在未来的指定窗口（24个月）内确实发生了危机，那么这个信号就是正确的；否则就是错误的。同理，如果在未来的指定窗口（24个月）内没有发生危机，那么，"没有预警信号"就是正确的；否则就是错误的。表4-2总结了这些可能的结果。

**表4-2 早期预警系统参数型模型预测的可能结果**

|  | 在指定的时间窗口内发生了危机 | 在指定的时间窗口内并未发生危机 |
|---|---|---|
| 发出信号 | A | B |
| 没有发出信号 | C | D |

根据前文所述，一个好的早期预警系统参数型模型应该尽量最大化$A$和$D$，并最小化$B$和$C$。根据Kaminsky和Reinhart（1999）及Younghoon Koo等（2005）的思路，可以用以下五种方法来评估模型的预测能力（以月度数据为例）：

（1）$(A+B)/(A+B+C+D)$为正确预测的比率。

（2）$A/(A+C)$为正确识别的危机前月份的比率；$[1-A/(A+C)]$为没有发出信号的危机前月份的比率，即"第Ⅰ类错误"。

（3）$D/(B+D)$为正确预测的没有发生危机月份的比率；$[1-D/(B+D)]$为错误预测的没有发生危机月份的比率，也称"第Ⅱ类错误"。

（4）$A/(A+B)$为正确预警信号的比率，也称条件危机概率；$[1-A/(A+B)]$为错误预警信号的比率。

(5)$[B/(B+D)]/[A/(A+C)]$被称为"噪音信号比"(NSR),即错误预警没有发生危机月份的比率和正确识别的危机前月份的比率之比。

对于一个给定的模型和样本而言,降低临界值概率 P 可能会增加正确识别的危机前月份的比率(即减少"第 I 类错误"),但同时也会减少正确预测的没有发生危机月份的比率(即增加"第 II 类错误")。因此,临界值概率 P 的设定通常涉及在两类错误之间进行权衡,并且很难确定哪一类错误的代价更高(Younghoon Koo et al.,2005)。

从目前已有的早期预警模型的预测表现来看,虽然一些模型在事后预测方面表现较好,但在危机的事前预测方面,几乎没有一个模型的表现能够让人满意。Furman 和 Stiglitz(1998)检验了 Frankel 和 Rose(1996)模型对亚洲金融危机的适用性。[①] 根据 Frankel 和 Rose 提供的模型,Furman 和 Stiglitz 计算了相关国家发生危机的预测概率(见表 4-3),结果发现,亚洲国家 1997 年的模型预测危机概率分别为:菲律宾 6.1%、泰国 5.8%、马来西亚 4.8%、印度尼西亚 4.5%,均低于 7% 的危机无条件概率。上述结果说明,在预测亚洲金融危机方面,Frankel 和 Rose 模型是缺乏效力的。对此,Furman 和 Stiglitz(1998)认为:"大部分以历史关系为基础,试图在宏观变量、资本流动数据和货币危机之间建立预测关系的模型都无法预测亚洲金融危机——事实上,在亚洲金融危机爆发前,这些国家的经济指标也并不令人担心。"

---

① Frankel 和 Rose 模型将货币危机视作若干宏观经济和金融变量的函数,其纳入模型的重要解释变量包括:低的外国直接投资与总债务比、低的储备与进口比、高的国内信贷增长、低的 GDP 增长率以及高的外国利率水平。

表4-3 根据Frankel和Rose模型计算的各国货币危机发生概率

| 危机发生概率 | 国家 |
| --- | --- |
| ＞12% | 委内瑞拉、南非 |
| 9%~12% | 巴拿马、约旦、阿根廷、喀麦隆 |
| 6%~9% | 特立尼达和多巴哥、突尼斯、伯利兹、墨西哥、哥斯达黎加、土耳其、秘鲁、毛里求斯、马达加斯加、菲律宾 |
| 3%~6% | 泰国、波兰、马来西亚、巴基斯坦、斯里兰卡、印度尼西亚、多米尼加共和国、萨尔瓦、乌拉圭、塞舌尔 |
| ＜3% | 印度、斐济、尼加拉瓜、危地马拉、圣文森特和格林纳丁斯、智利、玻利维亚、中国、波茨瓦纳、尼泊尔 |

资料来源：Furman, J. and J. Stiglitz, 1998, Economic Crises: Evidence and Insights from East Asia, Brookings Papers on Economic Activity, 2(1): 1-135.

同样的情况也出现在对银行危机进行早期预警的模型中。Demirgüç-Kunt 和 Detragiache（1998）通过实证研究发现，对预测危机最为重要的因素包括：宏观经济情况（低的GDP增长率和高的通货膨胀）、高的实际利率水平、资本外流的脆弱性、国内金融自由化以及执法效率的低下。这其中的某些因素，如高的实际利率、国内金融自由化和资本外流的脆弱性，确实出现在了亚洲金融危机中，但很多其他因素却与模型的预测明显背离，如强劲的经济增长、低的通货膨胀水平以及值得称道的执法效率。当 Demirgüç-Kunt 和 Detragiache 将此模型用于评估1997年亚洲金融危机时，结果发现每个国家的预测概率值均低于危机的无条件概率（4.7%）。这意味着，对亚洲金融危机而言，每20年发生一次危机的简单预测都将强于利用这些数据和模型的预测。

总体来看，危机的早期预警系统参数型模型在危机的预测方面并不能让人满意。[①] 而此次全球金融危机爆发之前，几乎也没有哪个国

---

① 很多研究也显示，早期预警指标难以探测到价格泡沫，而且错误地预警价格泡沫的概率较大（Alessi and Detken, 2009; Agnello and Schuknecht, 2009; Gerdesmeier et al., 2009）。

家或国际机构的早期预警系统模型发出过确切的危机信号。在现实世界中，金融危机作为一个复杂的多维现象（陈雨露、宋科、李濛，2010），其爆发的时点往往受到诸多随机事件的影响，这也从根本上决定了任何旨在精确预测危机时点的建模努力都必定会遭遇巨大的困难。然而，暂且不论理论模型究竟能否预测金融危机的发生，至少有一点是明确的：从实践的角度而言，预测本身不是目标，预测的实际意义在于防范——一旦监测手段（包括危机预测模型）发出了预警信号，那么，政策当局就应该在危机爆发前采取及时、适当的措施，以尽量避免危机的发生或减轻危机的危害程度。

虽然迄今为止尚未找到一个能够准确监测金融稳定的、具有很强适应能力和准确度的模型或者评估系统，但旨在动态监测金融稳定状况的相关机制必须提前运作——这里，一个最简单的逻辑是：金融危机所带来的成本是如此之大和难以接受，以至于政策当局宁愿容忍监测系统过于审慎带来的某些误报（比如高估了金融危机的发生概率），也不能放任金融危机在失去监测的情况下以其熟悉的面貌再次出现而无能为力。在更为精确的监测系统建立起来之前，基于审慎原则建立起来的评估体系可能会加大这一监测过程的成本，但在能摧毁国民经济甚至造成社会动荡的金融危机面前，这些成本似乎可以带来足够的"正外部性"收益（陈雨露、马勇，2008）。无论如何，当预警系统发出警报时，考虑问题的出发点不是去怀疑"金融危机是否会发生"以及"监测系统是否发生了误报"，而是"一旦监测系统发出了预警，就必须立刻采取措施，以防范可能出现的危机"。

## （二）宏观压力测试

根据 IMF 的定义，宏观压力测试是指用来评估罕见但有可能发生的宏观冲击对金融体系稳定性的影响的一系列技术方法的总称。总体来看，宏观压力测试具有两个显著特点：一是强调对宏观经济冲击的分析，二是将注意力集中于金融层面上。

压力测试最早是金融机构在克服在险价值（value-at-risk，VaR）等风险计量模型缺陷的基础上发展起来的，但与VaR属于后顾型（backward-looking）方法不同，宏观压力测试是一种前瞻型（forward-looking）的评估方法，其优势在于能模拟和有效评估潜在金融危机等极端事件对金融体系稳定性的影响。20世纪90年代以来，随着各国对金融稳定问题的日益重视，宏观压力测试开始被发展并广泛用于国际清算银行、国际货币基金组织、世界银行以及各国中央银行的经济分析和监测体系中。近年来，宏观压力测试的研究主要集中于银行间市场的传染和反馈效应，以及信贷衍生品市场的内生性风险和非线性影响等领域，代表性研究如Sorge（2004）、Goodhart（2007）、Boss, Krenn, Puhr and Summer（2007）等。总体来看，虽然宏观压力测试的应用时间不长，但在实践中已经得到了迅速推广，目前基本上已经成为政策当局进行金融稳定分析的常用工具。

从模型设定来看，宏观压力测试主要借鉴了信用风险压力测试模型的相关方法。信用风险是由发行人或者交易对手信用质量变化或市场价值下降引起的违约风险。违约率（default probability，DP）主要用于描述交易对方在交易期内无法履约的可能性，其估计通常以历史统计数据为基础，常用的求值方法可由历史统计模型或者违约经验得到。大部分研究通常将违约率视为一个宏观经济变量，并采用Logit模型来考察它与其他经济变量受宏观风险影响的程度。此类模型有三个比较优势：一是适合构造压力测试场景；二是便于获得较长时间的数据和进行国别比较；三是采用历史数据进行估算，可以避免设置过多的假设条件。

在实际建模过程中，根据模型是否得到金融系统和解释变量的反馈作用，宏观压力测试模型可分为外生型和内生型两种类型。其中，外生型模型可由下式表示：

$$pd_t = g(x_1, x_2, \cdots, x_n) + \varepsilon \tag{4-6}$$

式中，$pd_t$ 是 $t$ 期内的违约率。令 $pd_t$ 等于函数 $g$ 和随机变量 $\varepsilon$ 之和，并以一组宏观经济变量作为自变量，即 $X = (x_1, x_2, \cdots, x_n)$。此类外生型模型的主要问题是，假定宏观经济变量和违约率之间存在一个固定不变的关系，但历史经验表明，这一假定在经济繁荣和衰退时期很难成立。

为克服外生型模型的上述问题，内生型模型则假定经济变量具有内生性质，并且在不同时期存在差异。这种建模方法的典型代表是向量自回归（vector autoregressive）模型，这类模型可写成如下形式：

$$Z_{t+1} = \alpha_t + \sum_{j=1}^{p} \beta_j z_{t+1-j} + \varepsilon_{t+1} \tag{4-7}$$

式中，$\alpha_t$ 为常数向量；$\beta_j$ 为系数矩阵；$\varepsilon_{t+1}$ 为残差（冲击）；$z$ 为内生向量，包含与经济状态变化相关的违约率指标及其他经济变量。在实际运用中，向量自回归模型的一个潜在问题是，其估计的有效性与时滞（lags）的选取密切相关：如果时滞太大，可能丧失自由度；但如果时滞太小，又有可能遗漏一些重要的相互依赖关系。

从实证研究来看，Wilson（1997）提出的宏观压力测试模型比较具有代表性，包括英格兰银行、芬兰银行和中国香港金融管理局等采用的压力测试模型均参照了这一框架。在这一框架下，首先通过 Logit 模型将违约率转化为宏观综合指标 $Y$，以指标 $Y$ 作为因变量与宏观经济变量进行多元线性回归，即：

$$y_t = \ln\left(\frac{1 - PD_t}{PD_t}\right) \quad t = 1, 2, 3 \cdots, N \tag{4-8}$$

$$y_t = \alpha_0 + \alpha_1 X_1 + \cdots + \alpha_m X_{t-m} + \beta_1 y_{t-1} + \cdots + \beta_n y_{t-n} + \mu_t \tag{4-9}$$

$$X_t = \varphi_0 + \varphi_1 X_{t-1} + \cdots + \varphi_p X_{t-p} + \phi_1 y_{t-1} + \cdots + \phi_q y_{t-q} + \varepsilon_t \tag{4-10}$$

式中，PD代表贷款的平均违约率，X代表宏观经济变量，y是用以联接银行体系违约概率和各宏观经济变量的"中间指标"。在使用历史数据进行模型估计时，只需要将经过处理的违约概率值代入（4-8）式，就可以得到y的估计值。将y值代入（4-9）式，可以进一步得到宏观方程的系数估计。以（4-9）式作为宏观压力测试的基准方程，在进行压力测试时，只需设定压力情境，并将相关宏观经济变量代入（4-9）式，就可以得到压力情境所对应的y值。y值通过（4-8）式转化，即可得到压力情境下的违约概率估计值。（4-10）式是相关宏观经济变量的时间序列模型。考虑到宏观经济变量的时间序列数据可能存在滞后性，因此对各宏观经济变量进行P阶自回归，同时剔除模型的序列相关性。（4-10）式还考虑到了金融体系对宏观经济的反馈效应，即通过引入综合指标y的前期值来反映经济与金融体系之间的交互作用机制。

在宏观压力测试的建模过程中，宏观经济变量的选择是影响模型效果的关键因素之一。在这一点上，不同研究者针对不同的研究对象，选择的经济指标存在较大差别，有的国家和地区选择的指标较多，而有的国家和地区所选择的指标则相对较少。其中，被普遍选择的宏观经济变量主要包括：GDP增长率、通货膨胀率、利率、汇率和资产价格等（见表4-4）。

**表4-4 有关国家和地区在宏观压力测试中选择的主要经济变量**

| 国家和地区 | 压力测试所选取的宏观经济变量 |
| --- | --- |
| 英国 | 名义GDP、利率、汇率、通货膨胀率、资产价格 |
| 法国 | 利率、实际GDP增长率、企业扩张 |
| 日本 | 名义汇率、隔夜拆出利率、GDP、银行应收账款、CPI |
| 芬兰 | 名义GDP、储蓄与投资、利率、汇率、国际收支、货币总量 |
| 挪威 | 名义GDP、利率、资产价格、贷款增长率 |

续表

| 国家和地区 | 压力测试所选取的宏观经济变量 |
|---|---|
| 丹麦 | 利率、汇率、资产价格、国际收支 |
| 瑞典 | 实际利率、通货膨胀率、中介竞争、实际 GDP 增长率 |
| 奥地利 | 名义 GDP、利率、汇率、失业率、通货膨胀率、资产价格 |
| 中国香港 | HIBOR、实际 GDP 增长率、中国内地实际 GDP 增长率、房地产价格 |

从宏观压力测试的程序来看，根据 Jones，Hilbers 和 Stack（2004）的归纳，主要包括以下步骤：（1）指出所关注领域的特定潜在风险；（2）构建相应的情景模式；（3）将情景对应为金融机构可以用以分析的形式；（4）进行数值分析；（5）考虑其他间接影响；（6）归纳总结及结果分析。基本步骤如图4-1所示。

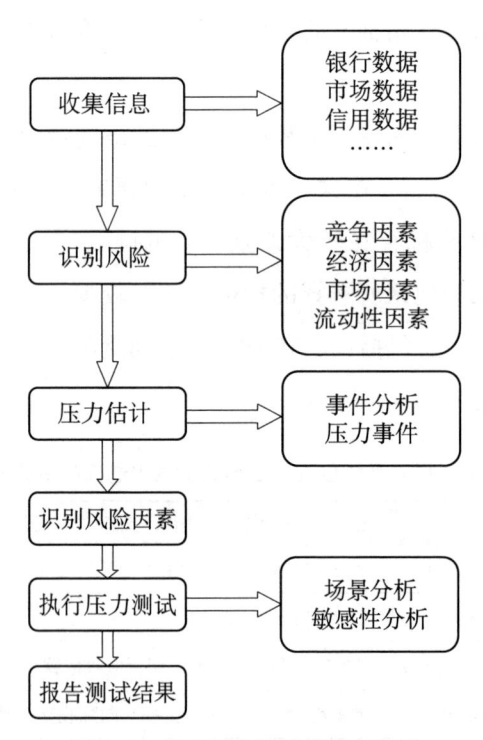

```
收集信息 ──→ 银行数据
              市场数据
              信用数据
              ……
   ↓
识别风险 ──→ 竞争因素
              经济因素
              市场因素
              流动性因素
   ↓
压力估计 ──→ 事件分析
              压力事件
   ↓
识别风险因素
   ↓
执行压力测试 ──→ 场景分析
                敏感性分析
   ↓
报告测试结果
```

图 4-1 宏观压力测试的基本步骤

在相关性压力测试中,主要通过对压力情景变量的历史趋势分析,以及参考已有的研究成果对压力情景进行人为设定。因此,在相关性压力测试中,压力情景设定又被称为假设性压力情景设定。

在蒙特卡洛(Monte Carlo)模拟压力测试中,模拟情景的设定实际上是对压力情景进行预测,并以预测值作为模拟情景的设定值。模拟情景设定的具体方法如下:第一,在各宏观经济变量中选择一个变量作为压力情景变量,并对其进行自回归;第二,通过蒙特卡洛模拟,产生大量标准正态分布的随机数;第三,将这些随机数与自回归模型误差项的标准差相乘,作为模型的预测误差;第四,通过将预测误差代入自回归模型得到压力情景变量的下一期预测值,并以此类推得到在压力情景设定时刻的大量预测值;第五,计算所有预测值的均值,并将其作为模拟情景设定的最终值。总体而言,将模拟情景引入蒙特卡洛压力测试分析中,一方面便于对模拟情景下的压力测试结果和假设性情景下的结果进行比较分析,另一方面也可以在一定程度上增加压力情景设定的客观性,从而使压力测试结果相对来讲更加符合实际。

在实践运用中,正式的宏观压力测试可以帮助校准适当的资本充足要求。这些压力测试涉及整个系统层面,目的是揭示以往只针对单个金融机构的压力测试所无法获得的机构关联信息。宏观压力测试可以根据影响不同类别贷款违约率的因素预先设定一系列压力情景——这些因素可以根据信贷周期的状况确定,从而使得政策当局可以识别与周期关联的风险。之后,宏观压力测试的结果可以用于校准资本要求。当然,压力测试的有效性受到以下两个方面的制约:一是输入信息的质量,二是对测试结果的主观评估。

尽管宏观审慎压力测试的实施和运用需要完成大量的数据收集和技术性工作,但并不存在无法克服的障碍。在美国,新的《金融监管改革法案》考虑通过新设的金融研究部门（Office of Financial Research）来开展数据收集工作，指标变量主要包括：（1）信贷流量、信贷存量和信贷利差；（2）家庭、公司和其他金融机构的收入和杠杆水平；（3）失业率；（4）住房价格收益比和住房价格增长率；（5）首次置业者的贷款收入比以及贷款成数的上限；（6）商业地产价格与租金；（7）商业地产种类和空置率；（8）信用状况调查；（9）杠杆收购和私募股权交易的总量价差数据（volume spread data）；（10）银团贷款的总量价差数据；（11）对冲基金和其他金融机构的资产增长情况；（12）其他专业放贷人对抵押贷款市场增长的贡献；（13）对冲基金和其他金融机构的杠杆比率；（14）银行贷款账户的地区分类情况；（15）金融机构贷款组合的质量数据；（16）交易性资产的种类和质量分布情况。

总体来看，良好的宏观压力测试对技术和信息的要求较高，但在与定性信息相结合后，却可向监管者提供设定合适资本要求的重要参照。当然，由于经验显示，无论是单独的还是固定成套的指标都不可能为全球所有国家的宏观审慎政策提供坚实的基础，因此，宏观审慎压力测试不应当作为设定合适资本要求的唯一基础，而应当同时借助其他方面的信息予以补充。

### （三）系统性金融风险的测度与评估：危机后的进展

对于金融危机的防范而言，理解隐藏在危机背后的系统性风险具有重要意义，因为前者只不过是后者的一个结果和外在表现形式。这意味着，如果能对系统性金融风险进行及时、准确的测度与评估，那么，有效防范危机的概率就将显著增大。从早期的文献来看，测度系统性金融风险的方法主要包括矩阵法、网络分析法、双元递归法等。这些方法的基本特征是，通过以一家机构的倒闭来对系统内某一特定数量机构同时发生倒闭的可能性进行推测。其中，矩阵法通常在对银行间的双边风险敞口矩阵进行估计的基础上，通过赋予银行损失率不同的值，然后依据不良资产多于一级资本的银行即倒闭的原则来确定破产银行的数量。网络分析法在用于测算系统性风险时，首先通过网络分析识别出不同类型的网络结构，然后再根据银行间市场网络的形状，运用神经网络模拟方法予以测算。而双元递归法则可以使模型不受变量变换的影响，提高引入定序结构型变量的便利性程度。

2008年金融危机以后，作为危机的主要教训之一，从整体性和关联性的角度来研究系统性金融风险的文献日益增多。Adrian和Brunnermeier（2007）将条件在险价值法（CoVaR）引入系统性金融风险的研究，不仅有助于识别系统重要性的金融机构，而且可以捕捉到某个机构对于系统性风险的边际贡献，从而帮助监管当局更好地实施逆周期调控。IMF（2009）开发了包括网络模型、违约强度模型、共同风险模型和危机依存度矩阵模型在内的四种用于评估金融机构关联性的定量分析模型，这些模型从多个视角对金融机构之间的关联机制和风险传导机制进行了研究，具体如表4-5所示。

表4-5 IMF开发的四种评估金融机构关联性的模型

| 模型分类 | 网络模型 | 违约强度模型 | 共同风险模型 | 危机依存度矩阵模型 |
| --- | --- | --- | --- | --- |
| 所需数据 | BIS提供的跨境银行间风险敞口数据 | 穆迪公司的违约数据 | 金融机构五年期的CDS数据 | 单个CDS-PoDs价格或股价数据 |
| 主要功能 | 衡量交替灾难事件的多米诺骨牌效应；识别系统性关联和易受冲击的国家/机构及其潜在的资本损失；追踪潜在的风险传染路径 | 为直接和间接的系统关联所引起的潜在银行失败事件提供衡量的尺度；衡量尾部事件发生的概率 | 可估计不同分位下的有/无条件的信用风险；可估计压力时期"源头"机构和"发源地"机构的有条件信用风险 | 恢复多变量的密度以及系统中的共同压力；JpoD，BSI；危机依存矩阵；由某一特定机构所引起的瀑布效应的概率 |

续表

| 模型分类 | 网络模型 | 违约强度模型 | 共同风险模型 | 危机依存度矩阵模型 |
|---|---|---|---|---|
| 模型优点 | 可在一个系统内识别大部分具有系统重要性和易受冲击的机构；可用于绘制传递效应带来的"风险地图" | 捕获金融机构之间的关联效应，及其违约率的制度依存行为；具有较强的预测能力 | 捕获因直接和间接关联所产生的机构依存度风险；可用于绘制"风险地图" | 可使用其他的PoDs；可产生多个结果；包括线性与非线性依存；内生的时变危机依存 |
| 模型不足 | 需获取机构间风险敞口数据；属于静态模型 | 模型简化 | 模型有效性受制于市场效率因素 | CDS可能会高估客观性违约概率 |

Huang，Zhou和Zhu（2009）研究了可测度加总的系统性金融风险。这一研究包括两个基本问题：一是如何设计系统性金融风险指标，用于测度由异质性银行组成的金融体系组合的风险程度；二是如何测度系统性金融风险的来源，即如何计算单个银行（银行集团）对系统性风险的贡献程度。

对于第一个问题，Huang，Zhou和Zhu（2009）构建了灾难保险费（distress insurance premium，DIP）指标，用以衡量极端条件下金融系统遭受损失的条件期望值。但要确定灾难保险费，首先需要计算四个基本参数，即风险中性违约概率（risk-neutral PDs）、违约损失率（LGDs）、资产回报相关系数（asset return correlations）和权重。

风险中性违约概率的计算使用Duffie（1999）的方法，即：

$$PD_{i,t} = \frac{\alpha_t s_{i,t}}{\alpha_t LGD_{i,t} + b_t s_{i,t}}$$

其中，$\alpha_t = \int_t^{t+T} e^{-r\tau} d\tau$；$b_t = \int_t^{t+T} \tau e^{-r\tau} d\tau$；$s$为信用违约互换利差（CDS spread）；$r$为无风险利率。在计算违约损失率时，为体现信贷周期中该指标的动态变化，Huang，Zhou和Zhu（2009）使用了信用违约互换的期望LGDs数据，而不是像大多数研究那样将LGD假定为常数。

资产回报相关系数的计算主要利用了 Engle（2002）的动态条件相关模型（dynamic conditional correlation model，DCC 模型），通过计算各银行权益收益的相关系数而得，而权重则用单个银行资产规模与全部银行资产规模之比表示。在确定上述四个关键参数的基础上，就可以构建一个包含所有样本银行资产的资产组合，并对其压力损失进行模拟，而灾难保险费必须要能够弥补该组合的最大损失。

对于第二个问题，Huang，Zhou 和 Zhu（2009）主要采用了边际贡献率指标来计算单个银行或单个银行集团对系统性风险的贡献程度。边际贡献率指标的具体形式为：

$$\frac{\partial DIP}{\partial L_i} = E(L_i | L \geq L_{\min})$$

式中，$L$ 为上述资产组合的损失；$L_i$ 为单个银行资产形成的子组合（sub-portfolio）的损失；$DIP$ 为灾难保险费。

在模型应用方面，Huang，Zhou 和 Zhu（2009）运用该模型测算了由 8 个亚太地区国家 22 家银行组成的异质性银行体系的系统性风险。结果表明，该指标能够较好地反映次贷危机以来系统性风险的阶段性变化（见图 4-2）。

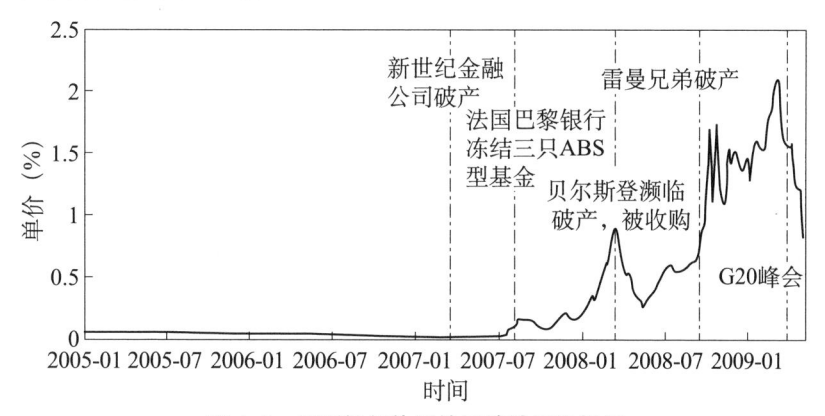

图 4-2 亚洲银行体系的系统性风险指标

数据来源：Huang, X., H. Zhou, and H. Zhu, 2009, A Framework for Assessing the Systemic Risk of Financial Institutions, BIS Working Paper, No.281.

在其他的一些研究中，Brunnermeier 等（2009）将金融机构划分为具有个体系统重要性的金融机构（individually systemic）、部分系统重要性的金融机构（systemic as part of a herd）、非系统重要性的大型金融机构（non-systemic large）和微型金融机构（tinies），并采用目标风险溢出测量手段（objective risk-spillover measure）来捕获某家金融机构对其他金融机构的风险溢出效应。Acharya 等（2012）建立了一个衡量系统性金融风险的均衡模型，并使用边际预期损失指标（marginal expected shortfall，MES）对 2007—2009 年间美国大型金融机构对系统性金融风险的贡献程度进行了分析。

总体来看，到目前为止，还没有公认可以有效识别和评估系统性金融风险的模型和方法，也没有一种模型能够完整地刻画系统性风险在金融体系内的传播渠道和特征，而新近开发的模型和方法的有效性，也都还有待接受实践的进一步检验。从本轮金融危机来看，目前的风险检测手段和管理方法确实还远远不能适应宏观审慎管理的需要，未知的风险领域仍然大大超过了现有技术的覆盖能力。在这种情况下，为尽量获取对系统性金融风险相对全面、准确的量化认识，一个现实的选择是综合运用多种方法进行测度，并在不同测量结果的相互比较和印证中，去获取关于系统性金融风险的有效信息。

在实践中，一个需要特别注意的问题是，风险模型仅仅是一个分析工具，其目的是帮助我们理解风险，而不是替代风险管理者。风险管理者应当对风险模型的结果进行认真的鉴别与解读，并与自身所掌握的经验事实相结合，而不是孤立地使用某个单一的模型。尽管风险模型的应用领域仍在不断进化，但建立新模型的重点仍然应当放在如何简化使用和校验，以及改善对模型结果的解释及理解上。由于大部分模型都是通过使用简化性的假设条件将不同的事实压缩其中，因而每个模型都存在局限。在这种情况下，使用不同的模型将有助于建立一个更有代表性的情景。此外，由于统计模型通常基于历史数据预测未来，因此，使用准确的、有代表性的历史数据是最基本的要求，否则，即使是最复杂的模型也毫无用处。

## 二、宏观审慎政策的早期预警指标体系

有效的宏观审慎决策取决于及时、有效的前瞻性风险信息的获取，而这在很大程度上依赖于是否存在一个足够有效的早期预警指标体系来提供相应的信息。2008年全球金融危机之后，世界范围内关于宏观审慎早期预警指标体系的研究明显增多，其中很多研究被直接用于指导实践，如欧盟的宏观审慎数据库（MPDB）和风险指示集、IMF的金融稳健指标体系（FSIs）、美国金融研究所的金融稳定监测器（FSM）以及新西兰中央银行的宏观审慎指标体系（MPIs）等。

### （一）欧盟的宏观审慎数据库（MPDB）和风险指示集

目前，欧盟存在两个与宏观审慎相关的统计指标框架，分别是欧洲央行的宏观审慎数据库（MPDB）和欧洲系统性风险委员会（ESRB）发布的风险指示集。宏观审慎数据库是欧洲央行为了宏观审慎分析需要专门建立的一个综合性、全面性的数据库，其强调对金融危机的解释和预测功能，因此，所选指标或者已经长期用于宏观审慎分析，或者相关信息用于指导宏观审慎工具实施，或者在相关学术文献中广泛使用，几乎覆盖了当前国际上宏观审慎领域中可能使用的全部指标，具有极强的借鉴意义。宏观审慎数据库分为七个模块，分别是宏观经济与金融市场变量、债务与广义信贷变量、住宅变量、商业地产变量、银行业变量、非银行金融部门变量和关联性变量，每个模块包含数量不等的指标，共240个左右。为了保证数据库的适用性，

欧洲央行会不定期对指标进行更新，但结构大体保持稳定，最新版的主要内容如表4-6所示。

表4-6 欧洲央行宏观审慎数据库主要指标构成

| | |
|---|---|
| 宏观经济与金融市场 | 货币状况：M1、M2、M3、CPI、调和CPI等6个指标 |
| | 宏观经济：经常项目余额、经常项目余额/GDP、失业率、出口市场份额、净国际投资头寸、波罗的海干散货指数、名义单位劳动成本等11个指标 |
| | 利率：短期利率、2年期政府债券利率、长期利率 |
| | 银行同业市场：不同期限和不同担保类型的欧元区银行同业拆借利率等5个指标 |
| | GDP：GDP总量、GDP增速实际值与预测值等7个指标 |
| | 汇率：实际有效汇率、兑美元汇率、欧元/美元互换利率、汇率波动、外汇储备等6个指标 |
| | 金融市场：股价指数（总指数及银行、保险、工业、原油天然气、基础能源等部门指数）、金融市场流动性指标、非金融企业发行的债券、股票额等16个指标 |
| | 风险和不确定性：主权风险压力指标、全球风险厌恶指标、系统性风险度量（两家或以上大型银行同时倒闭的概率）等5个指标 |
| | 金融状况：广义政府总负债、广义政府赤字、广义政府总债务/GDP、广义政府净金融负债、家庭部门债务/可支配收入、家庭部门净可支配收入、家庭部门可支配收入、职工报酬、家庭部门债务、家庭部门债务/GDP、家庭部门杠杆率（债务/金融资产）、非金融企业部门债务（总量及各类型债务）、非金融企业杠杆率等31个指标 |
| | 借贷情况：银团贷款总量、居民购房贷款利率、居民消费贷款利率、非金融企业贷款利率等9个指标 |
| 债务与广义信贷 | 广义信贷：非金融部门广义信贷总量、家庭部门广义信贷总量、非金融企业部门广义信贷总量、政府部门广义信贷总量等8个指标 |
| | 银行贷款：政府、非金融公司、家庭的银行贷款总量等10个指标 |
| | 金融部门对不同子部门的风险敞口：对家庭、非金融公司信贷总量等13个指标 |
| | 涉外风险：非金融公司外债存量等3个指标 |
| | 银行信用敞口：银行对中央银行、政府、家庭等部门的信用敞口等18个指标 |
| | 银行业贷款合规标准：共3个指标，来源于针对性调查，评估银行业贷款的合规性 |

续表

| 住宅 | 住户部门资产与负债状况：家庭部门金融资产总量 |
| --- | --- |
|  | 抵押贷款：不同类型购房抵押贷款的利率，共4个指标 |
|  | 住宅价格：住宅销售价格指数、租赁价格指数、房价收入比、房屋销售租赁价格比、不同方法估计的房价偏离度等11个指标 |
|  | 住宅市场供给情况：住宅固定资本形成总额、建筑业增加值等3个指标 |
| 商业地产 | 商业地产价格指数 |
| 银行业 | 银行业结构：银行数量、银行平均资产规模、分支行数量、员工人数、前五家银行资产占比、资产赫芬达尔指数、国内信用机构占总资产的比重等7个指标 |
|  | 财务指标：净利息收入、佣金收入和净费用等10个指标 |
|  | 盈利能力：股权收益率、成本收入比、资产收益率、净利息收入等5个指标 |
|  | 资产负债：对某类客户贷款总量等15个指标，反映银行业资产与负债结构 |
|  | 流动性：存贷比、债券发行规模等7个指标 |
|  | 杠杆水平：银行杠杆率等3个指标 |
|  | 资本：总资本、核心资本率、风险加权资产等4个指标 |
|  | 资产质量：不良贷款率、贷款损失准备金率、分部门不良贷款情况等3个指标 |
| 非银行金融部门 | 保险公司与养老基金：保险业资产总量等4个指标 |
|  | 其他金融公司 |
| 关联性 | 主要为ESRB为量化分析金融体系风险传染性所用的指标，如银行间贷款总量/银行业资产等，目前包括4个具体指标 |

欧盟范围内使用的另一个宏观审慎指标框架是ESRB发布的风险指示集。作为金融危机后欧盟的重大改革举措之一，2010年欧盟从微观和宏观两个层面着手，建立了一套全新的泛欧金融监管体系。在宏观层面成立了欧洲系统性风险委员会，将其设在欧洲中央银行下面，负责监测整个欧洲金融系统的风险，及时发出预警并在必要情况下建议应采取的措施。为此，ESRB建立了一套衡量金融系统性风险的指标体系，称之为风险指示集。该体系包含七大类指标，分别是系统性风险合成指标、宏观经济风险指标、信贷风险指标、资金供给与流动

性指标、市场风险指标、盈利能力与偿债能力指标、结构性风险指标，每类包含数量不等的具体指标，总共 56 项（如表 4-7 所示）。

表4-7　ESRB风险指示集主要指标构成

| 指标 | 说明 |
| --- | --- |
| 系统性风险合成指标 ||
| 系统性压力综合指标 CISS | 含总指数及以下分项指数值：股票市场、货币市场、债券市场、外汇市场与中介部门等 |
| 共同违约概率 | 含两个主权国家和两家大型银行机构的共同违约概率 |
| 银行业跨境持股情况 | 欧盟国家间的银行跨境持股关系，以及美国等重要对手国对欧盟国家银行体系的跨境持股情况 |
| 按部门分类的广义信贷 | 含季度新增与存量，除统计合计指标，还分别计算以下子部门的对应指标：欧元系统、货币金融机构、广义政府、非金融公司、家庭部门、其他金融机构、保险公司与养老基金、非欧元区居民 |
| 按部门分类的存款来源 | 含季度新增与存量，除统计合计指标，还分别计算以下子部门的对应指标：欧元系统、货币金融机构、广义政府、非金融公司、家庭部门、其他金融机构、保险公司与养老基金、非欧元区居民 |
| 对广义政府的信贷投放 | 当期、三年平均与预期值 |
| 住房贷款/私人部门信贷总量 | 当期、三年平均与预期值 |
| 按部门分类的投资基金债券投资 | 含季度新增与存量，除统计合计指标，还分别计算以下子部门的对应指标：欧元系统、货币金融机构、广义政府、非金融公司、家庭部门、其他金融机构、保险公司与养老基金、非欧元区居民 |
| 按部门分类的投资基金股票与基金投资 | 含季度新增与存量，除统计合计指标，还分别计算以下子部门的对应指标：欧元系统、货币金融机构、广义政府、非金融公司、家庭部门、其他金融机构、保险公司与养老基金、非欧元区居民 |
| 宏观经济风险指标 ||
| 当前与预期实际 GDP 增长率 | 当期、三年平均与预期值 |
| 国内信贷/GDP 缺口值 | 当期与三年平均值 |
| 经常账户余额/GDP | 当期与三年平均值 |
| 失业率 | 当期、三年平均与预期值 |

续表

| 指标 | 说明 |
| --- | --- |
| 合计债务/GDP | 包括比值与比值变动率，除统计合计指标，还分别计算以下子部门的对应指标：非金融公司、政府、住户部门 |
| 广义政府债务/GDP | 当期、三年平均与预期值 |
| 广义政府赤字/GDP | 当期、三年平均值与预期值 |
| 国债CDS溢价 | 对欧盟体系内国家分别计算对应指标 |
| 政府未来一年债务本息/GDP | 除统计合计指标，还分别计算以下子类的对应指标：3个月及以内到期债务、3~12个月到期债务 |
| 家庭部门债务/居民可支配收入 | 当期与三年平均值 |
| 非金融公司债务/GDP | 当期与三年平均值 |
| 信贷风险指标 ||
| 家庭部门贷款年增长率 | 当期、上期与三年平均值 |
| 非金融公司贷款年增长率 | 当期、上期与三年平均值 |
| 家庭部门贷款加权利率 | 当期与上期，采用的是家庭部门住房贷款数据 |
| 非金融公司贷款加权利率 | — |
| 家庭部门借贷利差 | 当期、上期与三年平均值，采用的是家庭部门住房贷款数据 |
| 非金融公司借贷利差 | 当期、上期与三年平均值 |
| 对家庭部门贷款标准的变动 | 采用的是家庭部门住房贷款数据 |
| 对非金融公司贷款标准的变动 | 对欧元区与欧盟不同国家分别计算对应指标 |
| 欧元区公司债期限调整利差 | 对不同评级公司分别计算对应指标 |
| 企业部门预期违约率 | 对金融与非金融部门分别进行统计 |
| 外币贷款 | 分别按币值（欧元、美元、瑞士法郎、其他）与部门（居民、非金融公司、金融公司）计算对应指标，并计算年增长率 |
| 住宅价格偏离度 | 基于购租比、价格与收入比、资产定价与贝叶斯估计需求模型估计 |
| 名义住宅价格变动率 | 对欧元区与欧盟不同国家分别计算对应指标 |
| 资金供给与流动性指标 ||
| 银行间利差 | 三个月银行间同业拆借利率与隔夜指数掉期差 |

续表

| 指标 | 说明 |
| --- | --- |
| 金融市场流动性指数 | 计算综合指数，并分别计算股票、债券、外汇与货币市场指数 |
| EUR/USD 基准掉期利差 | 包括三个月期与一年期标的对应指标 |
| 中央银行对银行体系的流动性支持 | 主要为 ESCB 对银行体系提供的贷款 |
| 货币市场与欧元体系经常性融资便利 | 包括边际借贷便利、存款便利、往来账户（current account）、欧洲银行间隔夜拆借利率 |
| 银行未偿还债务期限结构 | 分别统计以下期限债务总量：1 年内、1～2 年、2～5 年、5～10 年与 10 年以上 |
| 银行发行的长期债券 | 统计以下类别债券规模：资产担保债券、次级无担保债券、优先无抵押债券、政府担保债券 |
| 存贷比 | 本期、上期与三年平均值 |
| 优先级债与次级债的 CDS 息差 | 针对五年期债 |
| 市场风险指标 | |
| 全球风险规避指数 | 基于五个认可度较高的风险规避指标，采用主成分分析合成指数，与风险规避水平正相关 |
| 股票市场市盈率 | 除股票市场整体市盈率外，还分别计算银行、保险与非金融公司的对应指标 |
| 股票市场指数 | 分部门（银行、保险、工业与地产等）指数与指数波动率 |
| 短期利率波动率 | 通过货币互换期权价格序列计算 |
| 长期利率波动率 | 通过货币互换期权价格序列计算 |
| 汇率波动率 | EUR-USD、EUR-JPY 和 USD-JPY 三种汇率的波动率 |
| 盈利能力与偿债能力指标 | |
| 银行机构盈利指标 | 股本回报率、资产回报率、成本效率比、净利息收入/总经营收入 |
| 银行机构偿付能力、流动性与资产负债表结构指标 | 核心资本率、不良贷款率、流动资产/短期负债、资产抵押率 |
| 保险公司盈利指标 | 股本回报率、综合赔付率（非人寿保险）、总承保保费（人寿保险）、总承保保费（非人寿保险） |
| 保险公司偿付能力指标 | 包括非人寿保险公司与人寿保险公司偿付能力比 |
| 保险公司留存比率 | 净承保保费/总承保保费 |

续表

| 指标 | 说明 |
|---|---|
| 结构性风险指标 | |
| 银行部门规模 | 除合计规模外，还分别统计国内控股银行和境外控股银行的规模 |
| 银行部门杠杆率 | 本期、上期与三年平均值 |
| 金融子部门增长率 | 含以下金融子部门总资产年度增长率：投资基金和其他金融中介、信贷机构、保险公司与养老基金 |
| 投资基金与其他金融中介总资产/信贷机构总资产 | 投资基金与其他金融中介总资产/信贷机构总资产 |
| 投资基金与其他金融中介总资产 | 包括存量总额与当期新增，并分别计算合计数及货币市场基金、非货币投资基金、汽车金融公司等子类总资产 |
| 非货币投资基金的短期资产/短期负债 | 包括合计指标及以下子类的对应指标：股权基金、债券基金、混合基金、房地产基金、对冲基金、其他 |

对比两类指标体系可以看出，宏观审慎数据库更加基础和全面，它几乎囊括了宏观审慎分析中所有可能用到的总量和结构类基础指标；ESRB 风险指示集则更偏向于应用，大多是一些加工处理后的指标，例如经常账户余额/GDP 等相对指标以及上述相对指标的缺口值，又比如系统性压力综合指标，它是由 15 个基础指标合成的用于反映整体系统性风险状况的综合指标，事实上，ESRB 风险指示集的编制说明中明确指出，其主要的数据来源为宏观审慎数据库。综合来看，宏观审慎数据库或风险指示集各有特色，我国在构建宏观审慎指标框架的过程中可以重点借鉴前者的指标筛选思路，借鉴后者的指标处理思路。

## （二）IMF 的金融稳健指标体系（FSIs）

IMF 的金融稳健指标体系（FSIs）是国际上出于维护金融稳定目的最早建立的，也是影响力最大、应用最广泛的指标体系。1999 年亚洲金融危机之后，IMF 为分析与评估一国金融机构整体以及作为金融机构客户的企业和家庭部门的金融健康状况和稳定性，开始着手建立一套旨在能够实现全球可比的、全面的、可实现的指标体系。从设计之初，FSIs便具有明显的宏观审慎特性。通过十余年对成员和相关组织征求意见及反复修改，IMF于2006年正式发布了《金融稳健指标编制指南》，标志着FSIs正式形成，并于2013年11月发布了改进的FSIs。随着FSIs不断完善，报送国从最初的G20国家发展至2009年的45个国家/经济体，2015年达到100个，对全球的影响力不断扩大。

2006版FSIs包含12个核心组指标、27个鼓励组指标，共计39个指标。其中，12个核心组指标全部针对存款类金融机构，涉及资本充足率、资产质量、盈利能力、流动性、对市场风险的敏感性等五个方面，指标筛选思路主要参考银行微观审慎评估的CAMEL分析框架；27个鼓励组指标则覆盖了存款类金融机构、其他金融公司、非金融企业部门、家庭部门、市场流动性、房地产市场等六个方面，详见表4-8。《金融稳健指标编制指南》明确提出IMF筛选指标的五个标准：①以核心市场和机构为重点；②具有分析意义；③调查结果显示有用；④普遍适用；⑤数据可得。在具体执行过程中，IMF力求使核心类指标符合以上所有标准，鼓励类指标则通常只符合以上部分标准。

**表4-8　2006版FSIs核心组指标和鼓励组指标**

| 指标分类 | 具体指标名称 |
|---|---|
| 核心组指标 | |
| 存款类金融机构 | |
| 资本充足率 | 监管资本/风险加权资产 |
| | 一级监管资本/风险加权资产 |
| | 扣除准备金后的不良贷款净额/资本 |
| 资产质量 | 不良贷款/贷款总额 |
| | 按部门分布的贷款/贷款总额 |

续表

| 指标分类 | 具体指标名称 |
| --- | --- |
| 盈利能力 | 资产回报率 |
|  | 股本回报率 |
|  | 利差收入 / 总收入 |
|  | 非利息支出 / 总收入 |
| 流动性 | 流动资产 / 总资产 |
|  | 流动资产 / 短期负债 |
| 对市场风险的敏感性 | 外汇净敞口头寸 / 资本 |
| 鼓励组指标 | |
| 存款类金融机构 | 资本 / 资产 |
|  | 大额风险暴露 / 资本 |
|  | 按地区分布的贷款 / 贷款总额 |
|  | 金融衍生工具中的总资产头寸 / 资本 |
|  | 金融衍生工具中的总负债头寸 / 资本 |
|  | 营业收入 / 总收入 |
|  | 人员支出 / 非利息支出 |
|  | 贷款利率与存款利率之差 |
|  | 最高与最低同业拆借利率之差 |
|  | 客户存款 / 全部（非同业）拆借贷款 |
|  | 外币计值贷款 / 贷款总额 |
|  | 外币计值负债 / 负债总额 |
|  | 股本净敞口头寸 / 资本 * |
| 其他金融公司 | 其他金融公司总资产 / 金融部门总资产 |
|  | 其他金融公司总资产 /GDP |
| 非金融企业部门 | 总负债 / 股本 |
|  | 资产回报率 |
|  | 收入 / 利息和本金支出 |
|  | 外汇风险暴露净额 / 股本 * |
|  | 破产保护的申请数量 * |
| 家庭部门 | 家庭部门债务 /GDP |
|  | 家庭部门还本付息支出 / 收入 |

续表

| 指标分类 | 具体指标名称 |
|---|---|
| 市场流动性 | 证券市场的平均价差* |
|  | 证券市场平均日换手率* |
| 房地产市场 | 商业地产价格 |
|  | 住宅贷款/总贷款 |
|  | 商业房地产贷款/总贷款 |

注：*代表在2013修订版中删除的指标。

2013年，通过汲取全球金融危机教训以及《巴塞尔协议Ⅲ》中的最新成果，同时作为"消除数据缺口提案"（DGI）相关工作的一部份，IMF对2006版FSIs进行了改进，将原有指标体系扩展至17个核心组指标与35个附加指标，共计52个，具体如表4-9所示。对比前后变化，可以看出IMF在宏观审慎统计与分析领域的新成果和新动向：①核心组指标中加入了房地产市场指标"住房价格同比增长率"（I17），明显增强了对房地产市场的关注，这也是全球金融危机以来国际上取得的新共识。②核心组指标中新增多个与《巴塞尔协议Ⅲ》相关的指标。例如，《巴塞尔协议Ⅲ》中资本监管指标"一级普通股/风险加权资产"（I03）、流动性风险长期监管指标"净稳定资金比率"（I15）、风险监管指标"准备金/不良贷款"（I07），同时将资本监管指标"资本/资产"（I04）从过去的鼓励组转至核心组。③明显增加了其他金融公司的指标数目。金融危机让人们意识到银行体系以外的其他金融公司金融活动的重要性，对影子银行的监管也成为国际上弥补数据缺口的重要方面。FSIs将其他金融公司分为货币市场基金、保险公司、养老基金和其他四类，各自增加了数量不等的附加指标。④加入了四个非金融企业部门附加指标，分别是"资产回报率"（I41）、"收入/利息支出"（I44）、"流动资产/总资产"（I45）、"债务/GDP"（I46），强调对企业偿债能力的关注。⑤增加了家庭部门偿债能力指标"家庭部门债务/可支配收入"(I49)。

表4-9 2013版金融稳健指标体系

| 1. 核心组指标 | | | | |
|---|---|---|---|---|
| 存款类金融机构 | I01 | 监管资本/风险加权资产 | I02 | 一级监管资本/风险加权资产 |
| | I03* | 一级普通股/风险加权资产 | I04* | 资本/资产 |
| | I05 | (不良贷款-准备金)/资本 | I06 | 不良贷款/贷款总额 |
| | I07* | 准备金/不良贷款 | I08 | 按部门分布的贷款/全部贷款 |
| | I09 | 资产回报率 | I10 | 股本回报率 |
| | I11 | 利差收入/总收入 | I12 | 非利息支出/总收入 |
| | I13 | 流动资产/总资产 | I14 | 流动资产/短期负债 |
| | I15* | 净稳定资金比率 | I16 | 外汇净敞口头寸/资本 |
| 房地产市场 | I17* | 住房价格同比增长率 | | |
| 2. 附加指标 | | | | |
| 2.1 鼓励组指标 | | | | |
| 存款类金融机构 | I18 | 大额风险暴露/资本 | I19 | 按地区分布的贷款/贷款总额 |
| | I20 | 金融衍生工具中的总资产头寸/资本 | I21 | 金融衍生工具中的总负债头寸/资本 |
| | I22 | 营业收入/总收入 | I23 | 人员支出/非利息支出 |
| | I24 | 贷款利率与存款利率之差 | I25 | 最高与最低同业拆借利率之差 |
| | I26 | 客户存款/全部(非同业)拆借贷款 | I27 | 外币计值贷款/贷款总额 |
| | I28 | 外币计值负债/负债总额 | I29* | 私人部门信贷增长率 |
| 2.2 其他金融公司 | | | | |
| 其他 | I30* | 其他金融公司总资产/金融部门总资产 | I31* | 其他金融公司总资产/GDP |
| 货币市场基金 | I32* | 对不同部门投资占总投资额比重 | I33* | 不同期限投资占比 |
| 保险公司 | I34* | 股东权益/投入资产 | I35* | 风险保留比例 |
| | I36* | 资产回报率 | I37* | 股本回报率 |

续表

| | | | | |
|---|---|---|---|---|
| 养老基金 | I38* | 流动比率 | I39* | 资产回报率 |
| 非金融企业部门 | I40 | 总负债/股本 | I41* | 资产回报率 |
| | I42 | 股本回报率 | I43 | 收入/利息和本金支出 |
| | I44* | 收入/利息支出 | I45* | 流动资产/总资产 |
| | I46* | 债务/GDP | | |
| 家庭部门 | I47 | 家庭部门债务/GDP | I48 | 家庭部门还本付息支出/收入 |
| | I49* | 家庭部门债务/可支配收入 | | |
| 房地产市场 | I50 | 商业地产价格 | I51 | 住宅贷款/总贷款 |
| | I52 | 商业房地产贷款/总贷款 | | |

注：* 表示在2013修订版中新加入的指标。

## （三）美国金融研究所的金融稳定监测器（FSM）指标框架

美国金融研究所（OFR）认为，维护金融稳定的要旨不在于抑制市场波动或是通过预测来阻止冲击事件的发生，而在于增强体系本身的稳健性：当遭遇冲击时，稳健的金融体系仍能通过提供基础功能而服务于整个经济体。所以，OFR在建立其金融稳定监测机制时强调其关注焦点在于体系的脆弱性，而不在于对体系造成影响的具体冲击。金融稳定监测器（FSM）是美国金融研究所2013年开发的一个用于系统分析金融稳定状态的指标体系。FSM将风险分为宏观经济、市场、信贷、资本供给与流动性以及传染性风险五种，并以热图的形式展现评估结果。2015年起，OFR在其官网上专设了FSM版块，每半年进行一次数据更新，并将尽快发布编制说明。金融稳定监测器对体系稳健性与风险的评估基于其基础指标体系，目前约有60个指标。这些指标根据监测的风险可划分为五大类，具体如表4-10所示。

### 第四章 宏观审慎政策的早期预警体系

表4-10 美国金融研究所金融稳定监测器指标框架

| 一级分类 | 二级分类 | 具体指标 |
| --- | --- | --- |
| 宏观经济：评估那些可以通过各种宏观经济渠道影响金融稳定的潜在风险 | 经济活动 | 金融状况指数 |
| | | OECD领先指标 |
| | | 消费者信心指数 |
| | | 产出缺口 |
| | 主权风险 | 主权信用风险 |
| | | 主要余额（primary balances） |
| | | 主权债务/GDP |
| | 通胀水平 | 损益平衡通胀率（break-even inflation） |
| | | 通胀波动 |
| | 涉外风险 | 经常项目差额 |
| | | 外汇储备 |
| 市场：评估那些由于资产价格波动影响投资策略进而导致金融体系承受损失的风险 | 波动性 | 市场波动 |
| | | 波动率平面（volatility surface） |
| | 利率风险 | 久期指数（duration index） |
| | 定位资本流动 | 投资者信心指数 |
| | | 净投机定位（net speculative positioning） |
| | | 新兴市场资本流动 |
| | 资产价格 | 股票市场价格指数 |
| | | 商业房地产价格指数 |
| | | 住房价格指数 |
| | | 高收益信贷 |
| | | 国债期限溢价 |
| | | 市政信贷 |
| 信贷：评估不同部门的偿债能力及资产负债表风险 | 企业部门 | 企业债利差 |
| | | 企业部门杠杆率 |
| | | 非金融企业债务/GDP |
| | | 非金融企业债务/GDP变动率 |

— 133 —

续表

| 一级分类 | 二级分类 | 具体指标 |
| --- | --- | --- |
| 信贷：评估不同部门的偿债能力及资产负债表风险 | 家庭部门 | 抵押贷款违约率 |
| | | 家庭部门偿债比率 |
| | | 家庭部门债务/GDP |
| | | 家庭部门债务/GDP 变动率 |
| | | 储蓄率 |
| | 金融部门 | 房贷合规标准 |
| | | 银行准备金 |
| | | 银行信用风险 |
| | | 银行健康指数 |
| | | 金融部门债务/GDP |
| | | 金融部门债务/GDP 变动率 |
| 资金供给与流动性：评估市场流动性、金融机构资产负债表流动性、市场资金紧缺度以及过高杠杆率等方面的潜在风险 | 市场资金供给 | TED 利差 |
| | | 美元融资 |
| | | 市场杠杆率 |
| | | 过剩流动性 |
| | 市场流动性 | 新发国库券 |
| | | 交易量 |
| | | 交割失败 |
| | | 野村美元流动性指数 |
| | | 花旗市场流动性指数 |
| | | 企业债流通额 |
| | 资产负债表流动性 | 公司现金流 |
| | | 银行流动资产 |
| | 交易中介 | 货币基金资产管理规模 |
| | | 货币基金价值分析模型 |
| | | 经销商库存 |
| 传染性风险：评估那些会经过金融系统内的关联性而迅速传播的风险 | 共有风险 | SES |
| | | CoVaR |
| | | DIP |
| | | 对冲基金范式转变 |

续表

| 一级分类 | 二级分类 | 具体指标 |
|---|---|---|
| 传染性风险：评估那些会经过金融系统内的关联性而迅速传播的风险 | 资产市场交互作用 | 资产回报相关性 |
| | | 金融市场波动 |
| | 经济体关联性 | 外国银行反馈 |
| | | 美国银行的国外债务 |
| | | 银行资产甩卖的溢出效应 |

FSM指标集主要具有以下特点：（1）指标覆盖面广。除了反映美国本土经济金融信息的指标，FSM还运用反映其他国家、重要国际机构信息的指标。同时，FSM指标集全面覆盖了政府、家庭、非金融公司、银行与非银行金融机构。（2）指标类型多样。FSM运用的较新颖的指标包括通过调查、市场机构等渠道收集的指标，以及通过数量模型构建的指标。（3）指标数据频率与时间跨度要求更严。OFR偏向于选择数据频率较高与时间序列较长的指标。目前的FSM指标大多为从1990年开始的月度数据。（4）对指标的研究比较深入。OFR对FSM的现有指标与潜在指标进行了大量的深入研究。目前新版本的FSM在对不同风险进行综合评分时，根据每个指标对具体风险的监测表现，进行了不同的权重配置。（5）动态性。OFR认为，只有保持动态性才能适应不断出现的经济金融新特点，并明确规划对FSM指标集的改进工作。

## （四）新西兰中央银行的宏观审慎指标体系（MPIs）

新西兰中央银行经过一系列针对性研究和探索实践，于2014年3月公布了完整的宏观审慎指标体系（MPIs）。在构造MPIs的过程中，新西兰中央银行主要遵循以下原则：（1）鉴于银行类金融机构在新西兰经济体系中的重要地位，对银行业指标给予特别关注。（2）构建的指标体系应能够实现对系统性风险集聚过程、金融系统压力程度、金融系统吸收风险的能力等多个领域的识别。（3）基于对宏观审慎政策溢出效应的认识，强调宏观审慎指标不仅要服务于政策工具的部署策略，还要能够评估政策的退出时机。最终的MPI包括早期预警指标、银行化解风险能力指标和金融系统压力指标三个子指标体系，力图在危机发生的前、中、后期都进行风险评估。其中，早期预警指标的运用主要是在危机发生前期，银行化解风险能力指标的运用贯穿全部时期，金融系统压力指标主要是同步指标与滞后指标，用于监测危机时期的金融市场压力状况。2015年，新西兰中央银行对具体指标进行了调整完善，引入了更多监测重要部门风险状况的指标，目前整个指标体系包含34个指标，其中早期预警指标24个、金融系统压力指标7个、银行化解风险能力指标3个。具体如表4-11所示。

表4-11 新西兰中央银行宏观审慎指标体系

| 指标 | | 构建方法 | 用途 |
| --- | --- | --- | --- |
| 早期预警指标 | | | |
| 信贷状况 | 私人部门信贷/GDP | 私人部门信贷/GDP名义值 | 脆弱性预警指标 |
| | 实时信贷/GDP的趋势值 | 趋势值通过单边HP滤波方法计算 | 用于计算"缺口"值 |
| | 信贷/GDP缺口 | 信贷/GDP与其趋势值之差 | 金融压力领先三年的指标 |
| | 信贷增速 | 银行和非银行机构的信贷同比增速 | 可作为信贷缺口的领先指标 |
| | 各国私人部门信贷 | 各国私人部门信贷/GDP | 对比本国在国际上的水平 |
| | 家庭部门信贷/GDP | 参照信贷/GDP的方法 | 识别部门脆弱性和风险 |
| | 商业信贷/GDP | 参照信贷/GDP的方法 | 识别部门脆弱性和风险 |
| | 农业信贷/GDP | 参照信贷/GDP的方法 | 识别部门脆弱性和风险 |
| | 非银行信贷占比 | 非银行信贷/金融体系总信贷 | 测度结构性变化 |
| | 各国公共债务 | 各国广义政府债务/GDP | 对比本国在国际上的水平 |
| | 公共和私人债务比 | 债务/GDP | 衡量债务的结构化变化特征 |

续表

| | 指标 | 构建方法 | 用途 |
|---|---|---|---|
| 信贷状况 | 净对外负债 | （对外资产－对外负债）/GDP | 衡量对外债务状况 |
| 资产价格 | 住宅价格收入比 | 平均住宅价格/平均可支配收入 | 衡量偏离度 |
| | 实时住宅价格收入比的趋势值 | 信贷/GDP | 计算"缺口" |
| | 住宅价格收入比缺口 | 住宅价格收入比与其趋势值之差 | 正缺口表示房价过高 |
| | 住宅价格指数 | 住宅价格同比增速 | 衡量资产价格状况 |
| | 商业住宅价格/营业盈余 | 参考住宅价格收入比 | 参考住宅价格收入比 |
| | 农场价格/农业GDP | 参考住宅价格收入比 | 参考住宅价格收入比 |
| 偿债能力 | 偿债比率 | 本金和利息支出/收入 | 金融压力领先一年指标 |
| | 偿债比率缺口 | 用偿债比率减去其15年移动平均值 | 衡量偿债比率是否失衡 |
| | 家庭、商业、农业的偿债比率 | 同上 | 同上 |
| 贷款合规标准 | 银行零售业务贷款标准 | 价格以及非价格信贷标准的变化（净百分比） | 监测过去6个月银行贷款标准的变化情况 |
| | 贷款与价值比率月度变化情况 | 高贷款价值比率（大于80%）占全部贷款的比重 | 监测银行向高风险借款者贷款的比例变化 |
| | 净利差 | 银行净利息收入/生息资产 | 反映银行体系的竞争状况，值越低，表明银行间的价格竞争越激烈 |
| 银行化解风险能力指标 | | | |
| 一级资本充足率 | | 一级监管资本/风险加权资产 | 衡量银行面对潜在损失时的缓冲水平 |
| 核心融资率 | | 零售融资、长期批发融资和股本占全部贷款的比例 | 衡量核心或稳定融资 |
| 银行批发融资分布 | | 不同期限批发融资的比例 | 衡量基金市场关闭后面临的压力水平 |
| 金融系统压力指标 | | | |
| 同步压力测度 | 金融压力指数 | 从5个金融市场提取变量，然后利用主成分分析方法合成指数 | 衡量金融市场压力 |

续表

| 指标 | | 构建方法 | 用途 |
|---|---|---|---|
| 同步压力测度 | 基准利率互换利差 | 国外借款换回新西兰元的成本 | 监测银行海外批发融资交易的成本 |
| | 澳大利亚银行CDS利差 | 澳大利亚银行CDS利差 | 作为银行批发融资成本的代理变量 |
| 资产质量 | 不良贷款率 | 受损及逾期90天以上贷款/贷款总额 | 金融压力的滞后指标 |
| | 部门不良贷款率 | 同上 | 识别不同部门所受的影响 |
| | 部门关注类贷款率 | 部门关注类贷款/贷款总额 | 资产质量的领先指标 |
| | 受损资产率 | 受损资产/全部贷款 | 衡量资产质量 |

## 三、中国的宏观审慎政策早期预警体系构建

借鉴国际经验，在中国构建宏观审慎政策早期预警体系的过程中，需要重视以下三个方面的基本问题：一是早期预警指标的筛选，二是早期预警指标的处理和分析，三是早期预警方法的选择和运用。下面分别予以简要阐述。

### （一）早期预警指标的筛选

目前，国际上关于宏观审慎政策早期预警体系的构建有两项基本共识：一是要在原有微观视野的基础上，增加对宏观系统性问题的考虑；二是强调预警能力，因为宏观审慎政策的目的主要不是在危机爆发后进行风险管理，而是提前在合适的时机通过宏观审慎政策工具来防止危机的发生（Noyer，2014）。为筛选出有效的预警指标，首先需要从理论角度对相关指标的含义进行分析，比如，IMF 在筛选 FSIs 指标的过程中提出的一项重要标准是"具有分析意义"，Drehmann 和 Juselius（2013）也强调，在筛选风险预警指标时，相关指标应满足

"可解释性"标准,并强调"可解释性"比"准确性"更加重要,因为有理论基础支持的相关指标不仅含义更明确,而且也更有利于与市场进行沟通和交流。

与此同时,由于金融体系的稳定性不仅依赖于微观个体金融机构的稳定,同时也取决于金融机构之间的彼此关联性以及整个金融体系同其他经济部门之间的相互作用和相互依赖性,因此,宏观审慎政策早期预警指标的筛选需要综合考虑微观和宏观等多个维度和多个层面的相关指标。从国际经验来看,较之传统的微观审慎指标体系,宏观审慎早期预警指标的筛选通常会强调以下几点:

一是重视宏观视野的相关指标。除重点关注金融部门指标外,宏观审慎指标框架均不同程度覆盖了非金融企业部门、家庭部门、政府部门以及重点国民行业部门的相关信息。例如,IMF 的 FSIs 在附加指标中专设了非金融企业部门、家庭部门和房地产市场等非金融类二级指标,并且将房地产价格同比增长率纳入核心组指标;欧盟强调,由于宏观审慎高度关注金融机构共同的风险敞口,因此相关指标体系必须能描述整个经济体的宏观运行状况,宏观审慎数据库(MPDB)包含 6 个货币状况类指标、11 个宏观经济类指标以及其他一些房地产市场类和家庭部门收支类指标;美国金融研究所的金融稳定监测器(FSM)将宏观经济作为一项主要的风险构成,监测指标包括产出缺口、消费者信心指数、通胀水平、经常项目差额以及外汇储备等。

二是同时考虑非银金融机构的相关指标。2008 年金融危机前,普遍观点认为,银行是极重要的金融中介,其缺陷会对市场信心、资本流动、公共财政以及国内产出产生普遍影响,创建于该时期的宏观审慎指标框架会过度强调对银行的关注,而忽视非银行类金融机构的功能作用。例如 2006 版 FSIs 中的核心组指标是清一色的银行类指标,鼓励组指标中银行类也占据绝大比重。金融危机之后,监管部门意识到仅关注银行无法真实评估金融机构的系统性风险。金融稳定委员会在其《消除数据缺口提案》（DGI-I）的第十五条建议中特别强调"非银行金融机构的信息应当被给予特别的关注"。后期的宏观审慎指标框架明显增加了非银行类金融机构指标，例如，2013 版 FSIs 在鼓励组指标中专门增加了针对货币市场基金、保险公司、养老基金等部门的指标；欧洲央行宏观审慎数据库包含对非银行金融部门资产总量的监测指标。

三是纳入测度影子银行活动的相关指标。国际社会探究金融危机的根源时，一致认为影子银行体系在银行监管体系外非规范性运行是产生系统性风险的主要因素。因此，现有宏观审慎指标框架都注重加强对该领域的监测分析，FSB 指出，影子银行体系的存在，不仅加剧了监测系统稳健性的难度，更凸显了全面监测系统性风险分布特性的重要性。欧洲系统性风险委员会（ESRB）在构建宏观审慎指标体系时特别强调要将影子银行数据列入其中。FSB 于 2010 年 12 月在伦敦成立影子银行体系工作组，专门研究影子银行监测国际标准的制定工作，2011 年 10 月发布了《影子银行体系：强化观测和监管》，从宏观和微观两个视角对全球影子银行体系进行统计分析。四个宏观数据信息分别为影子银行体系的金融资产规模、影子银行体系规模占总债务比例、影子银行体系规模占 GDP 比例、影子银行体系规模与银行体系资产规模比例，部分指标已经被 IMF 纳入 2013 版 FSIs；三方面的微观数据信息包括相关金融产品卖方提供的存量和流量数据、银行和非银行监管当局提供的对手方信用风险数据、银行体系通过司法程序间接提供的影子银行体系内部活动数据。FSB 建议各国在资金流量表的基础上，对金融中介、各类非银行金融机构数据进行重新组合、分析，从而准确观测影子银行体系的规模。

## （二）早期预警指标的处理和分析

对于初步筛选出来的基础性预警指标，还需要进行适当的技术处理，以使其更好地被用于早期预警分析。对此，Borio（2013）曾指出，"（未能预测到）金融危机的爆发并非由于我们缺少数据，而是没有恰当地使用数据"。

从目前的实践做法来看，世界各国在构建宏观审慎预警指标框架时，除直接筛选出重要的原始指标变量如各类总量和结构指标外，一般会选择对相关原始指标进行必要的技术性加工处理，以尽可能地挖掘指标背后的隐藏信息，从而增强对金融风险的指示和预测效果。具体而言，对早期预警指标的处理方式包括以下几种：

一是计算"缺口值"（gap value）。近年来的相关研究证明，一些指标的缺口值较之其原始值具有更为准确和有效的预测能力。比如，Drehmann和Juselius（2013）的研究显示，对于广义信贷/GDP、股票价格、房地产价格等预警指标，其缺口值指标对银行危机的预警效果均明显优于各自的原始数据序列。

二是计算波动性。波动性是衡量金融风险的简易有效指标，如欧洲央行宏观审慎数据库中包含汇率波动性指标，欧洲系统性风险委员会的风险指示集中包含大量波动率指标，其系统性风险合成指标的15个原始指标中，将近一半为波动率指标。

三是纳入分布信息。金融危机惨重的教训表明，传统的均值指标会掩盖许多风险。例如，相关研究在分析美国次贷危机时，发现危机前美国家庭部门负债率平均来看并不过高，但却显著集中于特定类型的高风险贷款者。由此推动了监管部门对于微观数据分布类信息的重视，从中探索隐藏在合计数和平均数背后具体对象的异质性与分布中的尾端风险（tail risk）。Tissot等（2015）在对危机后宏观审慎体系发展新趋势进行总结时，将"分布"类信息总结为传统宏观指标除时间、范围、指标值外的第四维度。IMF 在 2013 版 FSIs 中，为了测度系统性风险集中度也运用了微观分布信息的思想。

在早期预警指标的分析方面，一个重要的思路是将其与金融周期运行的规律关联起来。已有的很多研究表明，金融危机的发生与金融周期之间存在密切关联。比如，BIS（2014）的研究发现：很多发达国家在 20 世纪 90 年代和 2008 年前后达到了金融周期的顶点，两次金融周期的"见顶"都伴随着随之而来的金融危机。无独有偶，亚洲国家在 20 世纪 90 年代后期达到金融周期的拐点，随后也爆发了严重的金融危机。因此，在构建宏观审慎政策早期预警体系的过程中，需要从金融周期的角度加强对早期预警指标的理解与运用。

一般而言，金融周期的上行过程通常对应着金融风险的逐渐积累过程，而金融周期的顶峰区域（如历史高点附近）一般意味着较高的系统性风险压力（随时可能发生金融危机的区域）。这一结论有两方面的政策启示：（1）对金融周期的准确刻画可以为宏观审慎政策决策以及宏观审慎工具的使用时机提供参考，BIS 下属的全球金融系统委员会［Committee on the Global Financial System（CGFS），2012］根据这一思想提出了相应的宏观审慎政策决策框架；（2）能准确刻画金融周期的指标正是构建宏观审慎体系过程中应该重点关注的核心组指标。

在具体指标的分析方面，CGFS（2012）从宏观经济、银行部门、市场类、定性信息等四个方面提出了 10 多类经验性指标，如广义信贷、债务可持续性、资金脆弱性、期限和货币错配等，但没有进行实证检验；Drehmann 等（2012）认为，实际广义信贷增速、广义贷款/GDP 和房地产价格增速三个指标是最佳的金融周期刻画指标；Claessens 等（2012）筛选出实际贷款增速、房地产价格以及股票价格三个指标刻画出全球44个国家的金融周期；CGFS（2012）以及Drehmann和Juselius（2013）从广义信贷/GDP缺口、收入付息还本比（debt service ratio，DSR）、信贷增速、房地产价格增速、房地产价格缺口、非核心负债占比、股票价格缺口、股票价格增速等指标中研究发现，广义信贷/GDP缺口、收入付息还本比在预警危机方面效果最优，其中前者更适合中长期层面，后者更适合短期层面。BIS（2014）继续强调了广义信贷以及房地产价格在衡量金融周期方面的重要性和有效性。

综合来看，上述指标集中在以下几个方面：（1）杠杆类，如广义信贷/GDP、债务/GDP等；（2）债务偿还能力，如收入付息还本比；（3）房地产市场指标，如房地产价格增速。这些指标贯穿了金融周期的整个演进阶段，与金融周期理论完全一致。在信贷与资产价格的叠加放大作用下，金融周期进入上行期，杠杆率不断增大，杠杆类和房地产类指标逐步到达峰值，直至在细小冲击的影响下，企业和家庭部门收入受到影响，开始影响到其债务偿付能力，最终无法承受庞大的债务压力，资产价格大幅下跌，金融周期迅速转入萧条期，并对实体经济造成巨大的负面冲击，形成恶性循环。这为我国构建宏观审慎指标框架明确了重点和方向，也提供了理论支撑，笔者将在后文对这些指标在中国的有效性进行实证检验。

## （三）早期预警方法的选择和运用

宏观审慎政策的早期预警方法主要有三类：一是VAR模型，二是宏观压力测试，三是早期预警指标。其中，VAR模型的优势在于可以灵活地模拟各类冲击所产生的影响，比如通过计算"在险价值"来衡量风险的影响大小和概率。不过，该方法在理论上的一个重要缺陷在于其潜在的"线性假设"，即一个3倍标准差的冲击同3个1倍标准差的冲击所带来的影响是一样的，但从实际情况来看，金融风险的传染和扩散具有非常明显的非线性特征。因此，目前世界各国政策当局和国际金融组织已经很少使用 VAR 模型作为金融风险预警和评估的主要方法。

宏观压力测试主要通过模拟外部冲击对经济金融体系的影响，评估整个金融系统的稳定性。自 IMF 将其纳入《金融稳定评估报告》（Financial Stability Assessment Program，FSAP）之后，该方法逐渐成为各国央行进行金融脆弱性评估的主要工具，并在实践中不断调整和完善，包括市场风险、信用风险、利率风险和流动性风险等主要风险类型先后被纳入分析框架。但从实践效果来看，该方法在金融正常时期通常很难及时识别出潜在的风险并进行有效预警。对此，IMF 在 2008 年对冰岛的《金融稳定评估报告》中有如下总结："银行体系的各项金融指标均高于最低监管要求，宏观压力测试的结果也显示整个体系是稳健而有弹性的"，但随后不久却发生了严重的金融危机。有鉴于此，Borio 等（2014）强调："宏观压力测试不应作为早期的风险预警工具，但可以作为风险管理和风险处理的工具，因为在风险暴露的后期阶段，其信息更加可靠。"

对于早期预警指标（early warning indicators，EWIs）方法，起初的预警指标主要来自资产负债表，如银行部门的市值规模、不良贷款余额、贷款损失准备，以及家庭和企业部门的相关资产负债指标等。IMF 提出的"金融稳健指标"也大多属于此类指标。后来，预警指标进一步纳入了各类价格和评级指标，尽管这些指标中的大部分依然被认为基本与金融风险同步，但它们中的一些指标确实被证明具备较好的预警效果，如广义信贷/GDP。早期预警指标的另一个优势是透明度较高且操作简单，因此受到各国央行和国际金融组织的广泛重视。

对于上述方法，Borio 和 Drehmann（2009）进行了较为系统的评估，发现早期预警指标法的预警效果相对最优。但需要指出的是，在实践中，由于金融风险特别是系统性金融风险的早期识别和准确预警的难度极高，因此，应综合运用多种方法的优势，尽量从多个维度进行分析和评估可能更加具有可操作性。比如，兼顾前瞻性、有效性和可靠性等因素，可以考虑采用早期预警指标方法作为金融风险早期预警的基本方法，同时辅之以 VAR 方法和针对特定情况与特定冲击的压力测试，以尽可能地为宏观审慎政策的早期预警提供更为全面、丰富的信息参考。

# 第五章
# 宏观审慎政策与货币政策的协调配合

## 一、宏观审慎政策与货币政策的区别与关联

### （一）宏观审慎政策与货币政策的主要区别

宏观审慎政策与货币政策的主要区别可以从三个方面予以概括：一是主要目标不同，二是对象和工具不同，三是作用方式和比较优势不同。

#### 1. 主要目标不同

传统货币政策的主要目标实际上是维护实体经济的稳定，因为在主流的"灵活通胀目标制"下，货币政策的两个盯住目标（即物价的稳定和实际产出的稳定）都是针对实体经济而言的，且分别涵盖了实体经济的"名义面"和"实际面"。名义面的稳定是说货币政策应该保护人们过去获得的、以货币形式持有的财富，不让通胀侵蚀、窃取和不平等地重新配置这些财富，从而损伤人们的福祉；实际面的稳定是说货币政策应该促进资源和劳动力的充分利用，使得经济的实际产出稳定在潜在（均衡）水平，从而保护人们未来的收入和财富增长，以持续地提升人们的福祉。从技术上看，中央银行通过货币政策的实

施，将通胀稳定在目标值附近，同时将资源利用率稳定在预期的长期可持续的资源利用率附近，后者可以用可持续最大就业率、可持续最低失业率或潜在产出水平予以衡量。比如，美联储的货币政策目标是物价稳定和充分就业，联邦公开市场委员会据此进行货币政策操作，将通胀率稳定在美联储的通胀目标附近，同时将就业水平稳定在预计的最大长期可持续就业率附近。

相比之下，宏观审慎政策的主要目标是金融稳定。从某种意义上说，金融稳定的定义不像物价稳定和产出稳定（充分就业）那样清晰和明确，但也并非捕风捉影，而是一个实实在在的概念。比如，大规模的银行破产、倒闭或经营困难，金融市场的交易崩溃、资产价格暴跌和流动性枯竭，本国货币的大幅贬值、抛售和资本外逃等等，都可以视为金融不稳定的典型表现。因此，金融稳定总体上是一个多维度的概念，很难给出类似 CPI 或实际 GDP 那样简洁明了的定义。不过，从金融体系的主要功能来看，金融稳定的核心要点是具有充分的抗风险能力，以确保金融体系的基本功能不受重大损害。由于未来充满不确定性，而不确定性的存在会使得金融体系不可避免地面临冲击和波动，但只要金融体系对这些冲击具有足够的抗风险能力，就能有效降低金融危机的发生概率及潜在影响。同时，更强的抗风险能力也意味着更少的系统性风险生成或残留在金融体系中。

2. 对象和工具不同

如前所述，货币政策工具包括常规性货币政策工具和非常规货币政策工具。常规性货币政策工具以政策利率的调控为核心，同时也包括加强与公众沟通的部分，如公布对通胀、产出和失业等变量的预测，或通过公布预期的政策利率路径（即对政策利率的预测），进一步强化政策利率传导的预期渠道。非常规货币政策工具主要在常规性货币政策工具无法实施、无效或效力不足的情况下使用（通常是在危机时期），典型的如量化宽松、负利率政策、中央银行贷款等。无论是常规性还是非常规的货币政策工具，其主要和最终的作用（目标）对象都是以家庭和企业为代表的实体经济主体的投资和消费行为，金融机构的行为即使会受到影响，通常也只是作为货币政策传导的"中间环节"存在，并非货币政策工具所意欲影响的主要对象。不过，需要特别指出的是，在危机期间，中央银行所采用的非常规货币政策有时在分类方面不是非常清晰，一些政策可能同时涉及货币政策、财政政策或金融稳定政策，此时一般根据其主要特征进行归类。

宏观审慎政策属于广义金融稳定政策的一种，广义金融稳定政策不仅包括宏观审慎政策，也包括微观审慎政策。这两类工具有时候具有一定的重叠性，界限并不是很清晰。比如，在加拿大和瑞典，由于金融体系实际上主要由几个具有系统重要性的大银行所主导，这使得针对个体金融机构的微观审慎政策实际上也会对整个金融体系产生影响。此外，金融稳定政策还可以分为正常时期的风险防范措施与危机时期的危机管理措施。从防患于未然的角度，宏观审慎政策通常被归为后者，即防范危机的措施。在正常情况下，即在危机预防时期，宏观审慎政策的主要工具包括资本和流动性要求、抵押贷款价值比率上限、对期限转换的限制、银行及其他金融公司和家庭的压力测试、金融稳定报告等。显而易见，与货币政策工具的最终影响对象是实体经济活动，并且广泛作用于家庭、企业、金融机构等市场主体不同，宏观审慎政策工具的主要和直接作用对象，以及所意欲影响的主要目标，都是以金融机构为代表的金融活动。虽然家庭和企业的融资行为也是宏观审慎政策工具的作用对象，但这不过是"同一枚硬币的另一面"（即金融活动的需求面）。简言之，宏观审慎政策工具直接作用于金融活动，但并不直接作用于投资、消费等实体经济活动（尽管会对其产生间接影响）。

### 3. 作用方式和比较优势不同

从政策作用方式来看，传统的货币政策主要是一种基于需求管理的总量型调节工具，其特点是影响范围广泛而普遍，一般不具有特定性和针对性（中国的结构性货币政策工具除外）。简言之，货币政策主要通过作用于影响经济运行的核心共性因素（比如几乎影响到所有市场主体行为的利率和货币）发挥作用，重视的是一般性和基础性的调控，具有"牵一发而动全身"的效果，传导机制相对比较复杂。相比之下，宏观审慎政策虽然从出发点上看是从宏观角度调节总体的金融周期，避免可能导致系统性风险的金融失衡，但从具体的宏观审慎政策工具来看，大部分都具有非常明确的指向性和针对性特点，比如，有些是针对特定领域（如房地产市场和金融市场泡沫）的调控，有些是针对特定机构（如"系统重要性金融机构"和"影子银行"）的调控，有些是针对特定业务或活动（如"资产池"和高杠杆业务）的调控，有些是针对特定行为方式（如资本和拨备的计提方式以及薪酬激励机制）的调控。这些丰富的具有指向性和针对性的宏观审慎政策工具使其天然地具备了结构性调控特性。简言之，宏观审慎政策是一种具有丰富结构性内涵的金融供给调控工具（因为主要从金融机构角度进行调控），其特点是影响对象和范围比较明确和集中，特定性和针对性比较强，传导机制通常比较简单、直接和迅速。

货币政策和宏观审慎政策在作用方式方面的差异，也使得它们在调控过程中具有不同的比较优势。以总量调节为主的货币政策，通常对具有普遍性的经济和金融失衡问题具有较好的调控效应。比如，一方面，当经济中出现比较明显的通胀和经济金融过热问题时，通过采取提高利率或收紧货币的紧缩性货币政策，一般都能收到比较好的调控效果，发挥"四两拨千斤"甚至"一石多鸟"的作用。但另一方面，建立在总量调节基础上的货币政策，对包括资产价格波动在内的结构性问题却往往无能为力或者效果欠佳。比如，在面临信贷扩张和资产价格泡沫问题时，货币政策为了对信贷增长和资产价格产生显著影响，可能需要将利率提高到相当高的水平，但这会对经济增长和资源利用率产生很大的负面影响，而中央银行可能并不掌握涉及这两者之间长期关系的充分信息。相比之下，宏观审慎政策重点关注和矫正的对象恰恰是产生特定扭曲因素的金融根源，即各种结构性的金融问题，这意味着宏观审慎政策在应对特定金融领域的失衡问题时往往比货币政策更加有效。比如，针对快速上涨的房价和急剧增加的银行新店，与提高政策利率相比，一些针对性的宏观审慎政策可能更加有效，如限制贷款与抵押品价值比率、规定最低抵押品数额和要求购买人必须具有合理的现金流收入等。总体而言，货币政策具有经济调控、总量调控的优势，而宏观审慎政策则具有金融调控、结构性调控的优势，二者的相对比较优势成为两类政策分工和协调的基础和依据。

## （二）宏观审慎政策与货币政策的相互关联

尽管货币政策和宏观审慎政策在主要目标、对象和工具以及作用方式和比较优势等方面存在明显的差异，但这并不意味着二者之间没有联系。事实上，这两类政策之间存在着一些密切甚至是不可分割的相互影响和作用。

### 1. 最终目标之间的关联

从最终目标之间的关联来看，货币政策的最终目标是以通胀和产出（就业）稳定为代表的实体经济稳定，但货币政策在实施过程中同时也会影响利率、信贷、流动性、资产价格、风险承担、信贷损失、企业利润、家庭财富、产出、就业和通胀等众多变量，进而会影响微观主体（企业和家庭）和公共部门（政府）的信用能力、债务清偿、资产负债表和杠杆水平。这意味着即使货币政策的直接或最终目标不包括金融稳定，也会间接地对金融稳定产生普遍的、广泛的影响。

类似地，宏观审慎政策的最终目标虽然是金融稳定，但其作用的过程和结果也必然会对实体经济的稳定产生影响。比如，宏观审慎政策会通过银行信贷、资产价格以及不同金融产品之间的信用利差（风险溢价）来影响金融市场，会通过贷款价值比率（LTV）上限和其他信贷约束工具来影响家庭借贷、投资、住房需求和住宅建设，还会通过资本监管、损失准备、杠杆率限制等影响企业的融资可得性、借贷成本、要素投入和产品定价。这意味着，宏观审慎政策会通过影响实体经济的总需求和总供给而对物价水平（通胀）和资源利用率（产出和就业）产生间接影响，而后者正是货币政策的最终目标。

2.传导机制和政策效应的关联

除最终目标之间的关联之外，宏观审慎政策和货币政策在传导机制和政策效应等方面也是相互影响的。一方面，金融稳定会直接影响到信贷和证券市场活动等金融条件，而金融条件会对货币政策的传导机制产生影响，因此，成功的宏观审慎政策可以降低金融体系的整体风险，保障货币政策传导渠道通畅。

另一方面，货币政策也会影响资产价格以及企业和家庭部门的资产负债表，进而影响到宏观审慎政策的相关目标和传导变量，这意味着成功实施的货币政策可以对宏观审慎政策的顺利传导产生"助力"效应。反过来，如果货币政策和宏观审慎政策实施不当，就有可能梗阻彼此的传导机制和弱化彼此的政策效应。

此外，宏观审慎政策的一个关键传导机制是通过作用于金融中介过程（即影响金融机构的资产、负债和杠杆等）来抑制金融体系的过度顺周期性。在这方面，宏观审慎政策和货币政策有一些相似之处（见图5-1）：一方面，它们都是通过在时间维度再分配支出来影响信贷需求，比如通过引导消费者和企业少借贷来使支出延后，或引导他们增加借贷以将支出提前；另一方面，这两种政策都会通过影响金融中介的杠杆决策来影响信贷供给，同时它们都会影响金融中介的融资成本。

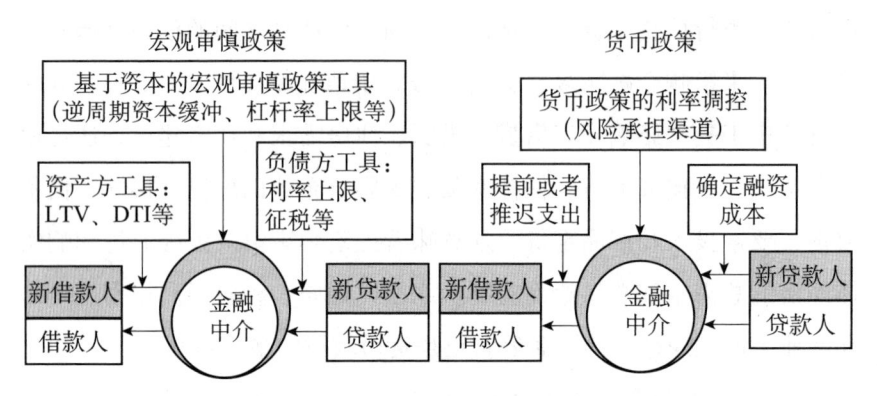

**图 5-1　宏观审慎政策与货币政策通过金融中介的传导**

资料来源：Shin, H., 2015, Macroprudential Tools, Their Limits and Their Connection with Monetary Policy, Panel Remarks at IMF Spring Meeting Event: "Rethinking Macro Policy Ⅲ: Progress or Confusion?" 15 April, Washington, DC.

总体而言，成功而有效的货币政策和宏观审慎政策能够互相增强和彼此促进：一方面，为增强金融体系的弹性而采取的宏观审慎政策通过在急剧的金融动荡中保护经济，增强了货币政策的有效性；另一方面，宏观经济的稳定也降低了"顺周期性"所导致的金融体系的脆弱性。同时，为增强金融体系的弹性而采取的措施通过降低信贷供给领域的摩擦效应，同样有助于货币政策在更广阔的经济环境中更好地影响信贷投放。

### 3. 关联意味着协调配合的必要性

货币政策和宏观审慎政策各自既拥有独立运作空间同时又彼此关联的性质意味着，真正的问题不在于二者之间的取舍，而在于二者之间的协调和配合。对于中央银行而言，核心的问题不是徘徊于物价稳定与金融稳定之间的取舍关系，而是如何在当前的经济稳定与未来的经济稳定之间做出决策。

从实践角度，上述结论意味着中央银行的政策实施必须通过对实体经济和金融稳定的双重视角来全面评估政策应用场景。在特定的经济阶段，面对日益严重的金融失衡，必须考虑使用货币政策进行总量调节。如果当经济过热迹象已经出现时，货币政策仍然放任信贷闸门开得太大，那么，任何后续的宏观审慎政策工具都难以奏效。换言之，宏观审慎政策的结构性调节优势必须以适当的货币总量调节为基础——在成功的宏观审慎政策背后，必然存在一个协调良好的货币政策。事实上，只有在运用货币政策来防止整体金融失衡（过剩或不足）的基础上，宏观审慎政策工具才能更加从容地发挥结构性调控作用。

简言之，无论是中央银行同时手握货币政策和宏观审慎政策，还是这两种政策并不同时掌握在一个政策部门手中，货币政策和宏观审慎政策之间进行充分而密切的协调都是非常必要的。同时，根据蒙代尔的"有效市场分类原则"和"政策比较优势原则"，货币政策应该被视为更具有基础性经济金融影响的政策，而宏观审慎政策则应该被视为更具有特定性金融影响的政策，因此，在二者协调配合的过程中，货币政策应该致力于实体经济的稳定和一般性货币金融条件的稳定，而宏观审慎政策则应该致力于金融体系的稳定以及由金融失衡所导致的特定实体部门的稳定。

当然，需要特别指出的是，通过货币政策和宏观审慎政策的协调配合来实现金融体系和实体经济的共同稳定，其目标并不是（也不可能）消灭经济和金融周期，而是避免经济的大起大落和过度波动，同时增加金融体系的弹性和抗风险能力。

## （三）宏观审慎政策何以助力货币政策

在宏观审慎政策与货币政策既相区别又相联系的情况下，要理解宏观审慎政策为什么可以助力货币政策，需要具体回答以下两个层次的问题：一是为什么传统的单一货币政策框架在理论上存在不足或者存在明显的不充分性？二是为什么在货币政策的基础上纳入宏观审慎政策，可以有效解决上述不足或者不充分性？

1. 为什么单一货币政策是不足或不充分的？

要回答这一问题，可以从最基本的理论逻辑入手。首先，在金融与实体经济关系日益紧密、不可分割的情况下，中央银行需要同时致力于实现经济稳定和金融稳定两个基本目标，才能实现持续的经济增长与金融发展。根据"丁伯根法则"，政策制定者需要至少一个独立的政策工具来实现每一个独立的政策目标。从本章前面部分的分析我们已经知道，一般价格水平的稳定（或更为广泛意义上的经济稳定）和金融稳定并不总是一致的，因而存在着相对独立性，这意味着，按照"丁伯根法则"，如果中央银行选择使用货币政策来实现价格稳定的目标，那么至少需要另外一种相对独立的政策工具来实现金融稳定的目标。

为直观说明当中央银行需同时实现经济稳定和金融稳定两个政策目标时所面临的问题，考虑以下 7 种可能的场景：（1）经济和金融活动都处在正常的目标区间范围内，这意味着经济和金融活动的状态既不过冷，也不过热，因为不存在失衡状况，所以此时不需要进行任何政策调整；（2）单一的经济正向（或负向）失衡，金融活动尚处于正常的目标区间范围内，由于此时失衡仅限于实体经济而非金融层面，因而使用紧缩（扩张）性的货币政策予以应对即可；（3）单一的金融正向（或负向）失衡，实体经济活动尚处于正常的目标区间范围内，此时失衡仅限于金融层面而非实体经济，因而使用紧缩（扩张）性的宏观审慎政策予以应对即可；（4）一致的正向失衡，对应经济和金融活动均处于过度繁荣的状态，此时需同时使用紧缩性的货币政策和紧缩性的宏观审慎政策予以应对；（5）一致的负向失衡，对应经济和金融活动均处于过冷的状态，此时需同时使用扩张性的货币政策和扩张性的宏观审慎政策予以应对；（6）经济的正向失衡与金融的负向失衡并存，对应实体经济活动过热但金融活动过冷的状态，此时需要配合使用紧缩性的货币政策和扩张性的宏观审慎政策，在给实体经济降温的同时给金融活动升温；（7）经济的负向失衡与金融的正向失衡并存，对应实体经济活动过冷但金融活动过热的状态，此时需要配合使用扩张性的货币政策和紧缩性的宏观审慎政策，在给实体经济升温的同时给金融活动降温。

显而易见，在上述7种场景下，单一货币政策能独立予以应对的只有前两种场景。在所有其他5种场景下，单一的货币政策要么是不合理的［使用了错误的工具，对应第（3）种场景］，要么是不充分的［只能解决部分问题，对应第（4）～（5）种场景］，要么"顾此失彼"［解决一方面问题的同时却恶化了另一方面的问题，对应第（6）～（7）种场景］。当然，上述示例性场景分析只是理论上一个非常粗略的说明，现实中的政策操作显然还需要考虑更多复杂的关联关系和细节问题。不过，上述讨论已经足以说明第一个层次的问题，即单一的货币政策工具确实在很多情况下面临无法同时实现经济和金融稳定的"二元目标困境"。

**2. 为什么宏观审慎政策可以对货币政策形成有效补充？**

对于第二个层次的问题，即通过在货币政策的基础上纳入宏观审慎政策，是否可以有效解决单一货币政策的不足或者不充分性，可以从递进的三个方面予以讨论。

首先，应该肯定，在20世纪90年代之后的近30年时间里，货币政策在维护价格稳定方面总体上是非常成功的，这也是货币政策一度被认为是"政策科学"的主要原因，但这并不意味着货币政策同样可以有效或高效地实现金融稳定,因为金融稳定并不总是与货币政策可以直接影响的利率水平或流动性状况有关。事实上,在大部分情况下,当金融失衡存在结构性差异时(即在某些经济部门比在其他部门更为严重),货币政策总体上是一种比较生硬的工具,比如,刺破资产价格泡沫可能需要政策利率的大幅提高,这无疑会对实体经济产生普遍而严重的负面冲击。简言之,当金融失衡严重而实体经济的运行基本正常时,货币政策很难在"不伤及无辜"(对实体经济产生负面效应)的情况下纠正严重的金融失衡。

其次,在货币政策无法有效实现金融稳定目标的情况下,宏观审慎政策的很多工具被认为确实有助于促进金融稳定。比如,有研究发现,动态拨备和前瞻性贷款损失拨备可以增强单个银行和整个银行体系的弹性,提高资本要求可以有效抑制泡沫滋长,而时变的动态资本要求有助于平滑信贷和银行资本的大幅波动。巴塞尔银行监管委员会(BCBS,2010)发现,提高最低资本和流动性要求会带来长期净效益,因为更高的资本和流动性要求降低了金融危机爆发的可能性,从而避免了危机导致的巨大产出损失。另外,还有一些证据表明,宏观审慎政策即使不能完全避免危机,也可以在很大程度上避免危机后出现持续而严重的衰退。

最后,在确认宏观审慎政策可以在货币政策工具之外发挥维护金融稳定的作用之后,还涉及二者之间的逻辑关系问题,即货币政策和宏观审慎政策之间究竟是相互补充还是彼此替代的关系?对此,米什金(Mishkin,2009)认为,由于货币政策和宏观审慎政策存在密切关系,因此将二者割裂开是错误的。比如,当经济形势不佳、需要维持低利率时,信贷泡沫发展起来的可能性就比较大,此时纳入宏观审慎政策有助于在发挥货币政策刺激经济作用的同时,确保信贷扩张不出现可能引发系统性风险的泡沫化。此外,在实践中,货币政策和宏观审慎政策在工具和目标上具有相互关联性，这意味着在同一个框架下统筹实施两种政策具有理论上的必要性和制度设计上的"先发优势"。IMF（2012）的研究也显示，货币政策和宏观审慎政策之间主要是互补和配合的关系，而不是"非此即彼"的相互替代关系。

**3. 宏观审慎政策和货币政策的分工和协调搭配**

根据对上述两个层次问题的分析，可以得出以下三个基本结论：一是单一的货币政策面临"二元目标困境"，无法在实现价格（经济）稳定的同时实现金融稳定；二是宏观审慎政策在维护金融稳定方面具有比较优势，可以在货币政策之外作为一种新的政策工具，专门用于纠正各种形式的金融失衡；三是基于不同的目标、工具和传导机制，货币政策和宏观审慎政策之间主要是互补而非替代的关系，这为二者在同一个框架下的协调配合提供了理论基础。

基于上述结论，同时按照"政策比较优势原则"，宏观审慎政策和货币政策的分工和协调搭配可以从目标、工具、传导机制和制度规则四个层面展开：

（1）目标层面的协调配合。一般而言，货币政策主要致力于实体经济稳定和基础货币金融条件的稳定，而宏观审慎政策主要致力于金融体系的稳定，特别是在危机发生之前及时纠正各种早期的结构性金融失衡。当金融失衡和实体经济的失衡同时发生时，需要协调搭配使用两种政策。

（2）工具层面的协调配合。对于实体经济层面的各种总量调节，一般主要考虑使用货币政策工具；而对于金融层面的失衡，特别是各种结构性的金融失衡，一般根据失衡的对象和性质，针对性地使用对应的宏观审慎政策工具。

（3）传导机制层面的协调配合。无论是货币政策还是宏观审慎政策，在实施过程中都应该充分考虑在独立或同时使用时对彼此传导机制的影响，特别是对于一些相似度较高或核心变量交互影响的传导渠道，政策协调使用的时机、次序和力度都需要审慎考虑。

（4）制度规则层面的协调配合。货币政策与宏观审慎政策都不能自动或凭空实施，而是需要有实施主体、行为规则等方面的制度支持。对于同时实施货币政策和宏观审慎政策的中央银行而言，应建立部门之间的协调沟通机制和统一行事规则，避免政策冲突。

## 二、宏观审慎政策与货币政策的协调配合方式

理解宏观审慎政策与货币政策之间的协调配合问题，一个基本的起点是明确各种可能的政策运用场景，即在各种可能的经济和金融条件下，两种政策是应该单独使用，还是联合使用？在联合使用的情况下，如何进行诸如方向和力度等方面的协调配合？

### （一）政策协调配合的基本原则

从政策协调配合的前提条件来看，应遵循简单性原则，即在使用单一政策工具就能有效解决问题的情况下，不宜采取多种政策组合搭配的复杂方案，复杂性会带来额外的不确定性和潜在的政策风险，并且在出现问题时难以对问题产生的原因进行追踪，从而又会影响到后续的政策调整和纠偏工作。

当面临多个不同的政策目标时，"丁伯根法则"适用，即单一政策工具可能确实无法全面、有效地解决多个同时存在的问题。此时，两种或多种政策的协调配合除需按照上一节所述的"政策比较优势原则"进行目标和政策工具的匹配外，还应遵循一致性和适度性原则。所谓一致性原则，是指在政策协调配合的过程中，各种政策运用的方向和效果应该一致，避免出现"政策冲突"问题；所谓适度性原则，

是指在政策协调配合的过程中，各种政策运用的力度应该控制在合理范围，避免出现"政策叠加"问题。

在政策协调配合的过程中，"政策冲突"和"政策叠加"是两个常见的基本问题。以宏观审慎政策与货币政策的协调配合为例，"政策冲突"是指宏观审慎政策与货币政策在运用的方向或客观效果上出现了相互背离的现象，从而削弱了彼此的政策效应，最终导致综合的政策效果不及预期；而"政策叠加"则是指虽然宏观审慎政策与货币政策在运用方向上一致，但由于其中一种或两种政策的使用力度过大，或者忽略了政策组合使用时所可能存在的彼此放大效应，导致最终的政策效应明显超过预期，出现了政策"反应过度"的情况。

## （二）宏观审慎政策与货币政策协调配合的场景框架

为更直观地说明宏观审慎政策与货币政策协调配合过程中所面临的政策协调问题和可能的解决方案，我们从一个简单的二维关系表开始。如表5-1所示，在这个二维表中，横向显示了金融稳定目标（以某个政策盯住的金融变量$f^*$为代表）的合理区间$[m, n]$以及"金融过热"（$f > n$）和"金融过冷"（$f < m$）的情况；纵向则显示了经济（价格）稳定目标（以最常见的通胀目标$\pi^*$为代表）的合理区间$[a, b]$以及"经济过热"（$\pi > b$）和"经济过冷"（$\pi < a$）的情况。

由于金融体系的整体周期和其内部的各个结构性部分（如货币市场、信贷市场、证券市场等子市场）的运行周期并不总是同步的，这会影响到宏观审慎政策工具的选择和运用，因此，表5-1在金融稳定目标部分进一步区分了"系统性"和"结构性"，前者指所对应的金融周期状态是整体性和普遍性的状态（存在于全部或绝大部分金融子市场），而后者则指所对应的金融周期状态是结构性和局部性的状态（仅存在于个别或部分金融子市场）。严格来讲，经济周期的失衡也可

**表 5-1 "双支柱"调控在不同经济和金融稳定场景下的组合使用**

| 经济稳定和金融稳定的目标场景 | | | 金融稳定目标 $f^* \in [m, n]$ | | | | | |
|---|---|---|---|---|---|---|---|---|
| | | | 过热：金融稳定变量超过目标区间上限（$f>n$） | | 正常：金融稳定变量位于目标区间之内（$m \leq f \leq n$） | | 过冷：金融稳定变量低于目标区间下限（$f<m$） | |
| | | | 系统性 | 结构性 | 系统性 | 结构性 | 系统性 | 结构性 |
| 经济稳定目标 $\pi^* \in [a, b]$ | 过热：通胀水平超过目标区间上限（$\pi>b$） | | 紧缩性 MP+系统紧缩性 MPP | 紧缩性 MP+结构紧缩性 MPP | 紧缩性 MP | 紧缩性 MP | 紧缩性 MP+系统扩张性 MPP | 紧缩性 MP+结构扩张性 MPP |
| | 需注意的政策间相互影响 | | 政策叠加（过度紧缩） | 政策局部叠加（过度紧缩） | 无 | 无 | 政策冲突（抵消效应） | 政策局部冲突（抵消效应） |
| | 正常：通胀水平位于目标区间之内（$a \leq \pi \leq b$） | | 系统紧缩性 MPP | 结构紧缩性 MPP | 不需要政策调整 | 不需要政策调整 | 系统扩张性 MPP | 结构扩张性 MPP |
| | 需注意的政策间相互影响 | | 无 | 无 | 无 | 无 | 无 | 无 |
| | 过冷：通胀水平低于目标区间下限（$\pi<a$） | | 扩张性 MP+系统紧缩性 MPP | 扩张性 MP+结构紧缩性 MPP | 扩张性货币政策 | 扩张性货币政策 | 扩张性 MP+系统扩张性 MPP | 扩张性 MP+结构扩张性 MPP |
| | 需注意的政策间相互影响 | | 政策冲突（抵消效应） | 政策局部冲突（抵消效应） | 无 | 无 | 政策叠加（过度扩张） | 政策局部叠加（过度扩张） |

注：表中 MP 代表货币政策，MPP 代表宏观审慎政策。

以表现为"整体性"和"结构性"两种状态，并且对于结构性的经济失衡，也有相应的政策工具（如结构性货币政策和产业政策等）予以应对，但为集中于本小节所讨论的核心问题，这里暂不对经济周期状态的表现是"整体性"还是"结构性"进行区分（即使区分也不影响相关分析和主要结论，只是增加了更多具体的政策组合和应用场景）。

## （三）宏观审慎政策与货币政策协调配合的场景分析

基于如表 5-1 所示的各种经济和金融周期状态的可能组合，根据前文已经提及的政策协调配合的两个基本原则——"丁伯根法则"和政策比较优势原则，货币政策应主要致力于纠正经济失衡，而宏观审慎政策应主要致力于纠正金融失衡，我们可以大体给出不同场景下货币政策和宏观审慎政策的原则性配合方式。同时，在每一种具体的场景和政策配合方式下，我们进一步给出了在该种配合方式下由于两种政策之间潜在的相互影响而可能导致的问题。

从表 5-1 的结果来看，在全部 18 种情况下，其中 10 种情况（如表 5-1 中"十"字阴影所示）下的政策取向是比较清晰明确且不存在政策协调问题的。在这 10 种情况下，由于仅存在经济或金融单方面的失衡，因此，一般采用单一的政策工具就能针对性地解决问题，即：对于经济正常、金融不稳定的情况，使用宏观审慎政策予以调控；反之，对于金融正常、经济不稳定的情况，则使用货币政策予以调控。简言之，在这 10 种情况下，由于失衡的情况比较简单，仅使用单一政策即可应对，因而不涉及政策组合使用下的两种政策"叠加"或"冲突"的问题。

在另外 8 种情况下，由于涉及宏观审慎政策和货币政策的协调配合使用，可能存在一定程度的政策协调问题。这些问题的产生，从根本上源于调控对象本身的内生关联性和复杂性，具体表现在两个方面：

（1）金融和经济所处的冷热周期并不总是一致的，二者在某些时间段可能存在彼此偏离的情况，比如一方偏冷而另一方偏热的状态，此时理论上需要货币政策和宏观审慎政策在工具运用上的"反向搭配"，但"一松一紧"的政策搭配可能导致潜在的"政策冲突"，使得一部分初始的政策效应在实施过程中逐渐相互抵消，从而导致政策效应的弱化。

（2）即使在二者处于同步周期的阶段，最终表现出来的经济和金融状态究竟在何种程度上是源于自身周期因素的直接影响，又在何种程度上是源于另一方周期因素传导的间接影响，也会对合理的政策选择（包括工具的选择和政策实施的力度等）产生重要影响，特别是，如果不能有效分离出经济和金融周期变化中的独立成分和共同成分，容易导致"政策叠加"的风险。

不过，上述两个方面的复杂性和所可能导致的政策问题都不是完全不能解决的问题，问题只在于，需要在渐进实践中逐步找到解决问题的合适方案。比如，对于第一个问题，即"一松一紧"的政策搭配可能导致"政策冲突"和政策效应弱化的问题，通过在实践中考察和掌握不同政策工具搭配使用后的实际效应，并结合宏观政策量化分析工具，就可以逐渐得到不同组合下的政策效应实际抵消程度，然后相应增大对应比例的政策实施力度即可；对于第二个问题，即对经济和金融周期变化中的独立成分和共同成分予以分离从而避免"政策叠加"的问题，可以基于实际数据对经济和金融周期波动的"独立成分"和"共同成分"进行分离，然后测算出货币政策和宏观审慎政策在不同场景和组合下各自分别影响到了多少"独立成分"和"共同成分"，从而实现对政策组合效应中重复反应部分（即"叠加效应"）的有效剔除。

## 三、中国的"双支柱"调控框架与未来发展

### （一）"双支柱"调控的产生背景

2017年党的十九大报告将健全货币政策和宏观审慎政策的"双支柱"调控框架写入了中央文件，这标志着"双支柱"调控模式成为未来一段时期内中国金融改革发展"顶层设计"的一个重要组成部分，其目标是要实现金融和实体经济的共同稳定和长期可持续发展。

"双支柱"调控框架的提出有着深刻的现实基础。从国内情况来看，近年来随着金融市场的产品创新、技术创新以及金融业综合经营的加速，金融产品、市场和机构之间的关联越来越紧密，金融市场内部的风险形成、集聚方式和传染路径日趋复杂化，很多风险的形成具有隐蔽、突发和难以事前准确判断的特点，这不仅加大了系统性金融风险形成的可能性，同时也显著增加了政策当局防范和管理金融风险的难度。在这种情况下，传统的基于货币政策和微观审慎监管的"分离式"政策体制已经很难适应新的时代需要，构建和完善货币政策和宏观审慎政策"一体化"的政策调控体制是在复杂条件下实现经济和金融同时稳定的客观需要。

从国际背景来看，2008年金融危机爆发之后，世界各国中央银行开始普遍认识到金融市场中常见的"合成谬误"问题，即单个金融机构的稳定并不足以确保金融体系的整体稳定，需要从宏观层面开发具有逆周期调节功能的新型宏观审慎政策工具，以更加有效地防范和化解系统性风险，从整体上维护金融稳定。近年来，在改革传统货币政策框架的基础上，进一步建立和完善宏观审慎政策框架已经成为世界各国金融宏观调控改革的大势所趋。在此背景下，很多国家都在积极探索如何在中央银行的框架下更好地实现货币政策和宏观审慎政策的

协调配合，以促进金融和实体经济的共同稳定。

总体而言，无论是从国内金融发展环境变化的角度，还是从国际金融政策发展变革的角度，在改革传统货币政策框架的基础上引入宏观审慎政策，形成"货币政策＋宏观审慎政策"的"双支柱"调控政策框架，都既有助于宏观调控更好地发挥作用，同时也有助于更好地防范和化解系统性金融风险。从更长远的视角来看，中国目前正处在经济和社会大转型、大变革的时代，"双支柱"调控框架的提出可能只是更为恢宏的、基于"整体观"的中国式金融宏观调控体系改革的一个起点和开端。

## （二）"双支柱"调控的主要内涵

所谓"双支柱"调控框架，一般的直观理解，主要是指金融宏观调控的两个主要支柱，一个是货币政策，另一个是宏观审慎政策。不过，结合国内外经济金融改革发展的实践背景，这种直观理解明显低估了"双支柱"调控框架所包含的政策创新内涵。实际上，作为金融宏观调控改革的重要政策指南和行动纲领，中国的"双支柱"调控框架至少包含以下三个方面的基本内涵：一是改革和完善传统的货币政策，构建新型货币政策框架（即货币政策支柱）；二是改革和完善传统的金融调控（监管）政策，建立宏观审慎政策框架（即宏观审慎政策支柱）；三是在一个统一的政策框架下，强调两个"支柱"之间的充分协调和密切配合。

首先，在"双支柱"调控框架下，货币政策已不再简单等同于传统意义上的货币政策，而是孕育着若干重要的转变、改革和创新，以更好地适应现代金融体系下的宏观调控需要和进一步提升货币政策效果。从实践情况来看，中央银行目前已经在做的工作除了推动货币政策调控从数量型向价格型转变之外，还创设了常备借贷便利（SLF）、短期流动性调节工具（SLO）、抵押补充贷款（PSL）、中期借贷便利（MLF）和信贷资产质押再贷款等多种新型货币政策工具，进一步增强了货币政策的调控能力，并为后续货币政策框架的进一步改革和完善奠定了基础。如果从稍长远的视角来看，在全球范围内，货币政策的未来发展可能还孕育着更加深刻的变革，其中最为核心的一点是，由于货币政策事实上对整个金融和实体经济的稳定都负有基础性的责任，因此，货币政策不仅应该关注通胀和产出的稳定，还应该同时关注金融体系的整体稳定。这就要求货币政策框架从目前流行的"灵活通胀目标制"（以通胀和产出稳定为主）转向兼顾金融和实体经济稳定的"双稳定目标制"。尽管前景十分诱人，但在"双稳定目标制"框架下，金融稳定的盯住对象如何选择，货币政策如何在金融稳定和实体经济稳定两个基本目标之间进行有效的权衡，如何与宏观审慎政策的金融稳定目标进行有效区别和合理分工，仍有待进一步的深入研究。

其次，对于另一个"支柱"——宏观审慎政策，中国的实践目前已经涵盖了三个方面的主要内容：一是引入差别准备金动态调整机制，对信贷投放实施宏观审慎管理，后来又进一步将差别准备金动态调整和合意贷款管理机制升级为"宏观审慎评估体系"（MPA），将更多的金融业务和行为纳入管理范畴，从资本和杠杆、资产负债、流动性、定价行为、资产质量、跨境业务风险、信贷政策执行等七个方面对金融机构的行为进行多维度引导；二是将跨境资本流动的管理纳入MPA框架之中，通过引入远期售汇风险准备金、提高个别银行人民币购售业务平盘交易手续费率等方式对外汇流动性进行逆周期动态调节，维护人民币汇率和金融市场的稳定；三是制定和实施了以"因城施策"和差别化住房信贷政策为主要工具的住房金融宏观审慎政策体系，促进房地产市场的稳定。此外，在央行发布的《中国区域金融运行报告（2017）》中提出要"探索将规模较大、具有系统重要性特征的互联网金融业务纳入宏观审慎管理框架",这意味着宏观审慎政策框架将进一步涵盖互联网金融领域。

最后,加强货币政策和宏观审慎政策的协调配合,是"双支柱"调控框架得以发挥整体调控效力的重要制度安排。在现代金融体系下,货币政策和宏观审慎政策密切关联。一方面,成功的宏观审慎政策可以降低金融体系的整体风险,保障货币政策传导渠道通畅;反过来,货币政策也会影响资产价格和资产负债表,进而影响到金融体系的稳定性。在实践中,宏观审慎政策的比较优势在于面向金融领域的"定向调控",特别是针对特定金融领域(如信贷市场、证券市场、房地产市场等)的失衡进行结构性调节,而货币政策的优势则在于"总量调控",即为经济金融的长期稳定运行创造一个稳定、有序的货币金融环境。在特定的经济阶段,面对日益严重的金融失衡,必须考虑使用货币政策进行总量调节。如果当经济过热迹象已经出现时,货币政策仍然放任信贷闸门开得太大,那么,任何后续的宏观审慎政策工具都难以奏效。换言之,宏观审慎政策的结构性调节优势必须以适当的货币总量调节为基础。事实上,只有在运用货币政策来防止整体金融过剩的基础上,宏观审慎政策工具才能更加从容地发挥定向和结构性调控功能。另一方面,当货币政策实施有效即货币金融环境总体良好时,如果金融领域存在风险隐患或失衡状况,那么宏观审慎政策应该及时"跟进"并予以纠正,防止局部性的失衡发展成为系统性风险并最终对宏观经济和金融的稳定性产生冲击。因此,成功而有效的"双支柱"政策能够互相增强和彼此促进。

## (三)"双支柱"调控与其他经济金融政策的协调

从更广阔的视野来看,金融和实体经济是一个彼此深度融合的内生性综合系统,除货币政策和宏观审慎政策之外,这个系统内的其他

## 第五章 宏观审慎政策与货币政策的协调配合

经济金融政策,如财政政策、信贷政策、汇率政策、资本流动管理政策和微观审慎监管政策等,也对经济和金融稳定具有某种程度的影响(某些情况下可能具有非常大的影响),并与"双支柱"框架下的货币政策和宏观审慎政策相互影响和相互作用。因此,除了"双支柱"框架下货币政策和宏观审慎政策两个支柱之间的协调配合外,如何在更广泛的政策空间内形成更加具有一致性、连贯性和有效性的多种政策工具的协调配合,也是需要注意的问题。

为考虑上述问题,可以通过一些典型的政策应用场景予以说明。比如,当经济和金融处于下行压力周期且同时存在需要控制的金融风险时,"双支柱"调控框架下的政策组合可能会选择相对宽松的货币政策配合中性偏紧的宏观审慎政策,但如果此时财政政策本质上是紧缩的(比如增税或者减少支出),就很有可能抵消相当一部分宽松货币政策的效应,同时强化宏观审慎政策的紧缩效应,最终导致"双支柱"调控框架下原政策组合的效应在双向挤压下变得非常微弱甚至产生反向效应。又比如,在经济和金融运行同时过热的时期,"双支柱"调控下的紧缩性货币和宏观审慎政策还必须得到汇率政策和资本管理政策的配合,否则汇率的升值预期会导致国际资本大规模流入国内,从而部分地抵消"双支柱"调控的紧缩效应,导致"双支柱"调控的政策效果不及预期。此外,"双支柱"调控的有效性还受到微观审慎监管政策的影响,比如,在经济和金融处于下行压力周期时,为促进金融市场复苏和重启经济增长,"双支柱"调控可能会建议放松监管要求(过于严厉的监管会导致金融活动过度收缩,从而阻碍金融部门向实体经济提供充足的信贷支持),但从微观审慎的角度来看,个体层面的金融风险控制可能要求紧缩性的政策取向,从而与宏观政策的宽松取向相冲突,最终导致"双支柱"调控政策在传导至微观层面时受阻。

另外,一些研究显示,将宏观审慎政策与各种政策工具(包括货币政策、微观审慎政策和财政政策工具）结合起来，可以在更大范围内提升金融体系的稳定性（Collin et al., 2014）。图 5-2 说明了宏观审慎政策和其他政策工具之间的关联，这些关联说明了在"双支柱"框架之外的广阔世界中，还存在更大范围的政策运用场景和组合搭配空间。

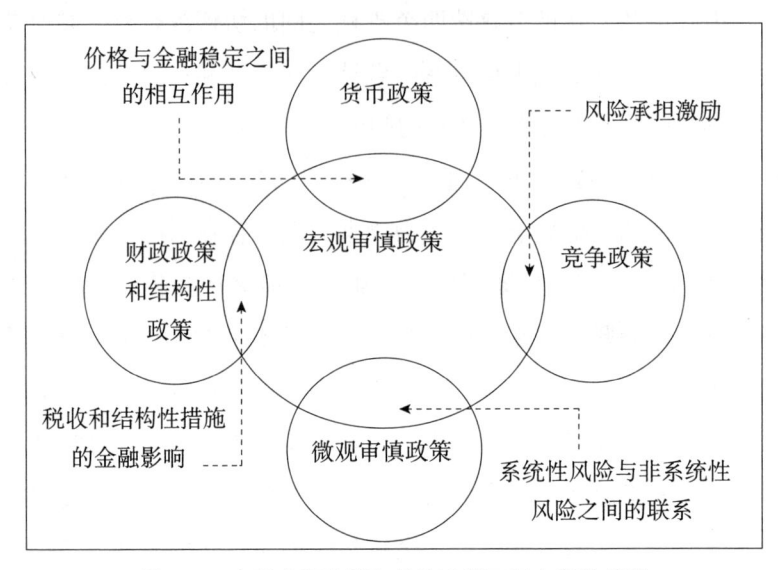

图 5-2 宏观审慎政策与其他政策工具之间的关联

资源来源：改编自 Collin, M., Druant, M. and Ferrari, S., 2014, Macroprudential Policy in the Banking Sector: Framework and Instruments, *Financial Stability Review*, 12(1): 85-97.

### （四）"双支柱"调控的未来发展

中国是全世界最早正式宣布构建和实施"双支柱"调控框架的国家之一，虽然由于实践时间较短，目前尚不足以对其实际的政策效应进行评估，但基于中国经济运行特征的实验模拟分析显示，"双支柱"调控在经济和金融的综合稳定效应上确实要优于单一的货币政策调控。

综合考虑中国和世界其他主要国家目前的"双支柱"调控实践，未来要进一步形成稳定、可靠的政策规则和成熟的操作框架，还需重点解决"政策目标、政策工具、政策协调"三个核心问题。

首先，从政策目标来看，如果说宏观审慎政策的最终目标是金融稳定，那么具体的盯住目标应该选什么？没有明确的盯住目标，政策操作的随意性会显著上升，而随意性会导致政策决策和行为的不稳定，并最终影响到政策实施的效果。从目前已有的研究来看，通过构建分层指数化的金融稳定目标体系，兼顾总量和结构失衡的监测和判断，可能是一个值得研究和探索的方向。

其次，从政策工具来看，已有的研究显示，不同的宏观审慎政策工具会通过不同的路径和传导机制影响金融稳定，而在不同的结构性失衡情况下，具有相对比较优势的政策工具往往是不同的，因此，政策当局可以考虑建立一个"目标导引式"的政策工具指南，既可以有效积累经验，又能进一步增强实践中政策工具选择和使用的针对性、可靠性和有效性。

再次，从政策协调来看，完善"双支柱"调控框架的核心任务之一，是要进一步健全货币政策与宏观审慎政策协调配合的规则与机制，一方面既能有效应对价格（经济）稳定和金融稳定两个基本目标间的偏离和冲突，另一方面又能从长期和全局的视野采取"多工具灵活配置"的综合性措施，提高政策实施的针对性、灵活性和有效性。

最后，从更长远的视角来看，"双支柱"调控框架在完善过程中还应保持适度的开放性和兼容性，从而在更广泛的范围内逐渐实现与其他经济金融政策的更加一体化和全局性的协调。客观世界本是一个不可分割的整体，政策决策的原则也应该从整体性出发，形成全局视野的应对策略，这意味着从国家战略角度，所有的经济和金融政策最终都应统一于客观世界，并在充分了解和尊重客观规律的基础上，有原则、有依据地实现充分的协调和搭配。可以预期，在走向金融与实体经济"一体化调控"的过程中，未来的政策创新空间还非常广阔。

# 第六章
# 宏观审慎政策的动态方法论反思

科学理论的发展往往源于理论与现实的冲突。自宏观经济学诞生以来,这种集中的冲突已经发生了三次。[①]当业已建立的理论体系无法解释新的事实和现象时,理论和现实的不一致性就显现出来了。而2008年全球金融危机所引发的对宏观经济理论的集体反思,以及随之而来的对于宏观审慎政策框架的一致呼吁,客观上反映了这样一个事实:传统的宏观经济理论及建立在这一基础之上的政策框架存在着重大缺陷。与宏观经济学的前两次转向不同,宏观审慎概念的提出,绝不仅仅是在原有的政策工具箱里增加几个新的工具,而是涉及整个宏观经济学理论体系和政策框架的系统重建。这种重建很有可能主导未来几十年的经济理论研究和政策思维。

科学发展史的经验表明,当一种理论缺乏现实一致性的时候,通常是因为正确的逻辑路径尚未被发现。2008年全球金融危机之后,虽

---

① 20世纪30年代的"大萧条"催生了凯恩斯经济学,七八十年代的"滞胀"催生了新古典经济学(包括货币主义、理性预期学派和实际经济周期学派),而2008年的全球金融危机则对包含金融因素的宏观经济理论发出了召唤。几乎每隔30年就会出现一轮的宏观经济学"革命",一方面体现了现实世界变化对经济理论的最新要求,另一方面也揭示了原有理论在通用性和适用性方面的严重不足。科学发展的历史经验表明,对传统理论所存在的问题进行批判性反思的过程,同时也是新的、更具生命力的理论破茧而出的过程(马勇,2012)。

然关于主流宏观经济学在金融方面的认识不足已经得到了相当多的讨论，但更深层次的方法论问题却再一次被忽略了。长期以来，大量经济学家投身于一般均衡理论无休止的精炼化，而这些精炼化的主要特征是对纯形式逻辑问题进行越来越精细的数学化，但却极少把重点放在理解现实经济世界的事实和行为上。很多经济学理论都是在"自我实现"的演绎体系中"兜圈子"。然而，真实世界的经济周期和波动并不是对于某个既定均衡路径的偶然偏离，而是植根于社会交互过程的一种动态结果。新的宏观审慎思维只有坚持动态的理念和方法论，才能更好地解释真实世界的经济现象和行为，并为宏观稳定政策框架的建立奠定坚实的理论基础。

## 一、宏观审慎政策与价格动态

自宏观经济学诞生以来，主流理论一直将注意力集中在总体价格水平的分析上，而相对价格的变化及其对经济的重要影响却被长期忽略了。但实际上，相对价格变化所显示的关于价格动态的丰富信息，不仅对于理解宏观经济运行中的各种动态机制至关重要，而且可以为宏观经济政策的正确制定和实施提供极具价值和启示性的向导。

### （一）货币分布与价格动态的结构性关联

通常情况下，普遍的通货膨胀（表现为 CPI 和 PPI 上涨）主要受货币总量驱动，这意味着"货币数量论"在结果的意义上确实是成立的。但标准的"货币数量论"也仅仅是告诉我们关于总量货币和一般物价水平的这一最终结果，至于在这一结果发生之前实体经济和金融体系内部究竟发生了什么，以及经历了怎样的动态过程，标准的"货币数量论"并没有给出任何启示。尤其是在"货币中性"的理论假设下,由于名义价格不再发生任何作用,主流的货币理论实际上已经彻底放弃了对价格动态过程的任何思考。

然而,正是在名义价格问题上,"货币中性"理论犯了关键性错误——名义价格不仅是起作用的,而且对于理解经济动态过程至关重要。即使货币总量不变,由相对价格变化引致的货币在某个领域(如股市和房地产)的集中,同样会导致严重的价格失衡和资源错配。此外,如果增量货币不是按初始比例瞬间地、均匀地分布于经济体的每一处,而是首先集中地投向某些特定的领域(如金融体系),那么在一定时期内,只要增量的货币依然滞留在该领域,那么,由局部货币过剩所驱动的资产价格膨胀和通常意义上的物价(CPI)稳定就可能同时存在。从这个意义上看,近年来全球范围内的货币扩张、低通胀和金融体系的加速膨胀完全是彼此关联的经济现象。当过剩的货币主要集中于金融领域时,金融失衡将先于经济失衡发生,其结果是,在资产价格泡沫引发严重的通货膨胀之前,由资产价格高位崩溃所导致的金融危机就已经发生。这也是最近40多年来反复观察到的一种现象。

事实上,从长期视角来看,当资产价格泡沫、一般价格水平的稳定与货币扩张相伴而行时,经济的扭曲将更为严重:一方面,由于货币扩张制造了特定领域的繁荣景象,且并未引发明显的通货膨胀,这使得货币扩张一再得到放任;另一方面,由于特定领域的货币吸纳能力不可能无限增长,随着时间的推移,日益失衡的资产价格将最终走向崩溃。一旦资产价格下跌,名义价格的负反馈效应将驱逐过剩的货币四处逃窜,价格体系的紊乱开始蔓延,并最终波及实体经济。可以认为,由于当前流行的物价指标(CPI 和 PPI)采取了加总和平均的编制方式,因而最重要的相对价格信息及由此所引发的价格失衡问题事实上被长期掩盖了。从这个意义上看,CPI 和 PPI 等指标本身就暗含着一定程度的"合成谬误"问题。

## （二）货币和价格问题的本质：结构而非总量

在经济世界中，货币是一种"刻度"，它就像物理学中的尺寸和质量单位一样，其存在的基础是增加人们进行经济度量的便利性。货币总量的改变必然影响名义价格，但如果这种影响（货币总量的增加或者减少）是按初始比例均匀、瞬间地作用于所有的商品，那么，这种改变的唯一结果将仅仅是一种名义"刻度值"的扩大，它并不会改变经济世界的"质"。[①] 然而，问题的关键在于，任何一次货币总量的改变都不可能是瞬间并且均匀地作用于所有的商品，而是沿着货币流的实际路径，陆续地、不均匀地分布于各种不同的商品。这种货币流的结构性改变，是货币数量变化借以影响实际经济的根本原因。换言之，货币之所以"非中性"，并不是因为货币总量的变化，而是根源于货币分布结构的改变。

货币问题的所有"质"性影响都是通过价格体系予以体现的，而价格体系的本质是：它作为交换体系结构的"映像"出现。简言之，货币问题的实质是价格问题，而价格问题的实质是结构问题。对于流行的"货币数量论"而言，对货币认识的关键性错误正是源于对货币结构问题的忽略，而这种忽略则源自主流经济学所偏爱的那种静态方法论——这种方法论试图越过变量之间交互作用的动态过程，直接在现象与观察到的结果之间建立起某种固定的关联。可以设想，如果没有货币分布结构的改变，而所有的新增货币又都是瞬间且均匀地沿着原来的货币结构成比例地予以配置（正如"货币数量论"所隐含假定的那样），那么，货币数量的增减只会引发所有商品价格的同比例上

---

① 在这种理想状态下，货币"面纱论"是成立的。

升或者下降，其结果是，用以标记整个价格体系的"名义刻度"虽然扩大了，但所有商品的相对价格结构却维持原样，而实际的生产、消费和投资依然沿着原来的路径进行。在这种情况下，货币不仅是中性的，而且只能是中性的。

然而，"货币数量论"所采用的这种静态方法论，恰恰忽略了最为关键的货币动态机制。货币之所以影响实际经济，正是因为货币从来都不是一种静态的存在，而是一种具有时间和空间属性的动态存在。正如米塞斯（1949）在阐述通胀过程时所指出的，"在额外货币输入的开始，一些货物和服务的价格提高，其他货物和服务的价格随后提高。价格的提高，在不同时间和不同程度上影响各种货物和服务"。实际上，通货膨胀对相对收入的影响，只是价格结构发生紊乱的一种结果而已，尽管在那些肤浅的观察家看来，这是最触目惊心的一种后果（哈耶克，1976）。在实践中，货币分布结构变化导致实体经济结构发生改变的一种典型表现是：几乎每一次大规模的货币增发之后都会引发产业结构的相应改变。历史经验也多次表明，那些率先获得货币或者获得更多货币的部门，毫无疑问在市场地位和产业结构的变迁中占尽了先机。[①]

对于理解货币和价格问题的本质，另外两个充满误导的提法是"结构性的通货膨胀"和"成本推进型的通货膨胀"。正如前文所指出的，货币分布结构的改变会引发价格体系结构的改变，而价格体系结构的改变又会进一步引发实体经济的变化。因此，所有的通货膨胀问题永远都是结构性的。此外，也不存在所谓"成本推进型的通货膨胀"，因为在货币总量不变的情况下，任何一种或者几种主要投入

---

① 从这个意义上说，在现代中央银行货币制度建立以后，政府的货币政策实际上在很大程度上影响着经济结构变化的实际进程，因为初始投入的增量货币必定会受到货币政策的某种（直接或间接的）"指示"。

要素（原材料、人力成本等）价格的普遍上涨都不可能推动所有商品的价格全部上涨，增量货币是所有商品价格普遍上涨的必要非充分条件。简言之，成本的普遍上升是通货膨胀的结果而非原因。对此，哈耶克（1976）也曾明确指出："根本就不存在石油涨价（或其他东西涨价）等成本驱动型的通货膨胀……所谓成本推升的通货膨胀，不过是货币量增加的结果而已。"

## （三）价格动态与宏观审慎决策的信息基础

当失衡主要在金融领域发生，而以 CPI、PPI 等传统通胀指标度量的一般物价水平又处于相对平稳状态时，专注于"通货膨胀目标制"的货币政策不仅难以纠正日益严重的金融失衡，也很难捕捉到实体经济内部的各种结构性扭曲，而这些结构性扭曲正是实体经济日益走向失衡的重要标志。实际上，不论是以 CPI 和 PPI 为代表的一般物价水平，还是以房地产、股票价格为代表的资产价格，本质上都是相同的事物，它们的基本功能都是向市场主体传递关于经济决策的价格信号。从这个意义上看，资产价格的失衡和一般物价水平的失衡都是价格体系发生扭曲的标志，并且本质上都会造成类似的后果：先是经济主体做出错误的决策，导致社会资源出现错误配置；然后是金融和经济体系内的结构性扭曲不断积累，总体的经济失衡日益明显；当总量和结构性的失衡积累到一定程度的时候，经济弹性的丧失使得经济和金融体系随时可能出现集中的、爆发式的被动调整，后者即我们所观察到的经济（金融）危机现象。

历史地看待资产价格和一般物价水平的关系，可以发现，严重的通货膨胀总是发生在经济体已经出现全面混乱的时候，而在此之前，结构性的价格扭曲可能已经存在了相当长时间。当政策当局紧盯着 CPI 和 PPI 这些通过机械加总得来的所谓一般物价水平指标时，所有的政策反应都不仅是机械的,而且是滞后的,因为这些"经过加总处理"的价格指标恰恰忽略了最为重要的结构性价格动态机制,而后者隐含着关于经济动态过程的最为重要的同步信息。从经验事实来看,近年来频繁发生的由资产价格泡沫所引发的金融危机表明,结构性的价格失衡在转变为总体性的价格失衡之前就可以积蓄足够的破坏性力量,并对经济和金融体系产生猛烈冲击。

毫无疑问,只要政策当局仅仅是专注于价格结果(如 CPI 和 PPI 等指标)而不是价格动态(包括时间动态和空间动态),那么,政策步伐就将永远落在经济事实之后——当政策当局发现需要采取措施以阻止某种不利的结果时,事实上这种结果已经发生。当谈及宏观经济政策与现实经济背道而驰的现象时,经典教科书的标准提法是"政策时滞"。然而,正如上文所阐明的,"政策时滞"的产生,从根本上并非源于标准理论所阐释的那些令人眼花缭乱的政策传导机制和过程,而是来自机械和静态的政策理念本身。很难想象,当所有的政策措施都只是在事实的经济扭曲发生之后才做出被动反应时,这样的政策居然还可以对及时纠正经济中的各种潜在扭曲产生任何可靠和有效的助益。

任何前瞻性的政策都必须考虑动态,这一基本逻辑意味着,经济状态和经济行为在时间和空间上的结构性变化至关重要。经济体中任何显著的失衡都必然有一个较长时间的积累过程,政策当局应该从更广泛的经济信息中去提取关于政策调整的可靠依据,而不是单一盯住"一般价格水平"这层障眼物。换言之,在政策制定所赖以参考和作为决策依据的信息集中,必须更广泛地纳入各种表征经济动态结构性变化的指标。从政策制定的角度而言,传统的 CPI 和 PPI 指标可能是非常乏力的,因为这些加总合成的指标并没有给我们提供关于价格体系结构变化的任何确切信息。相比之下,信贷扩张、杠杆水平、资产价格、风险溢价、流动性偏好等具有丰富结构性信息的指标，可以为宏观审慎政策的制定提供更为合理的向导。政策当局应该从这些结构性指标的趋势性变动中得出关于整体经济形势的基本判断，并在此基础上做出综合决策，而不是试图僵化地盯住其中一两个单一的指标。

## 二、宏观审慎政策与市场过程

价格动态和利率机制对理解经济和金融运行中的动态问题至关重要，但如果从一幅更加完整的经济图景来看，它们仍然只是宏观审慎所要面对和处理的整体市场机制的一部分。要从整体上理解宏观审慎，就必须从整体上理解市场机制。

### （一）市场作为一个系统的动态性

市场是一个包含着空间和时间维度的动态过程。生产、投资、消费、储蓄不仅在每一时刻彼此相连，而且各自联结着自己的过去和未来。价格体系是整个市场力量在每一个特定状态下的"投影"，它是一个"净结果"，反映的是居于主导地位的市场力量的方向——正是沿着这样的方向，市场过程可以更好地满足稀缺状态下的需求和欲望。同时，价格体系中的每一个价格水平都是相对的，它只能在整个价格体系的特定集合中确定自身的位置，并由此显示自身的意义。在市场的动态进程中，人的行为驱动整个价格体系不断发生结构性变化，而所有商品的价格也会在不断变化的价格集合中重新确定自身新的"坐标"[①]。

理解市场作为一个系统的动态性，首先是要明白，市场只能以过程的方式存在，并且这种过程必定是连续的。连续性是稳定规律存在

---

① 价格的绝对水平只是一种类似于物理学意义上的"刻度"选择，因而只是一种形式的表现，是人们为了方便而做出的一种约定，它本身并无任何实际内涵。

的基本前提,也是市场存在的基本前提。① 事实上,运动系统中的状态,或者更一般地讲,宇宙的状态只取决于它紧挨着的前一个状态,自然界中的所有变化必然能够以连续的方式发生(牛顿,1726)。市场是作为连续过程的一种存在,这种性质内涵地引申出了市场结构和市场动态的重要性,因为前者只能借以后者的变化显示自身的规律。换言之,结构性和动态性是市场过程得以外化和可观察的规律性,其中包含着人们据以观察和理解市场的若干基本事实。

总体而论,对市场机制的认识必须是动态性的,而结构性是帮助我们从可观察的变化中去理解这种动态性的一把钥匙。市场作为一个系统的动态性,在时间维度上表现为发生过程,在空间维度上表现为结构转换,而发生和转换过程又外在化地表现为周期性的连续性。这种周期性的连续性是贯穿于整个自然科学和社会科学理论的最基本事实之一,但令人遗憾的是,至今仍无任何理论可以对如此普遍的周期性现象给出一个统一的理论解释。

## (二)宏观审慎必须关注动态性和结构性

从宏观经济和金融稳定的角度而言,宏观审慎政策必须关注动态性和结构性的原因在于,任何系统性风险的形成都是一个渐进的积累过程,这一过程将导致经济和金融体系从一个具备弹性的状态逐渐走向一个丧失弹性的状态。在风险形成初期,由于经济和金融体系弹性

---

① 如果规律是可变的,那么,必定存在这样一种情况,即市场突然以完全不同于之前的状态运转,以至于人们根本无法辨认出"这还是市场"。关于规律是否具有可变性这一命题,晚年的彭加勒在其《规律的演变》一文中提出了一些大胆的设想,但到目前为止,经验还从未向我们提供任何关于规律具有可变性的事实或证据。对于规律是否具有可变性的问题,波普尔(1957)认为,"科学方法的一个重要设定就是应该寻求其有效性不受限制的那些规律。如果我们承认规律本身也是变化的,那么规律就不可能解释变化,这就得认为变化纯属奇迹。这将是科学进步的终结,因为如果意料不到的观察被提出来,也没有必要修正理论——规律发生了变化这个特设性假说就可以'解释'一切了。"

十足，此时，来自内部和外部的各种冲击可以通过市场的自然波动予以调整和消化；而当风险长期在同一个方向上过度积累，并最终导致经济和金融体系失去弹性时，此时来自内部和外部的任何冲击都有可能引发系统性的崩溃。

从经济学理论基础来看，宏观审慎政策必须关注动态性的主要原因在于，价格和经济系统的关键性参数通常会在动态过程中发生结构性变化，考虑这种结构性变化是防止失衡在同一个方向上过度积累的必要前提，同时也是在经济和金融体系彻底失去弹性和自我修复能力之前及时发现问题的关键。通常情况下，在经济和金融运行周期的不同阶段，价格、利率、信贷和杠杆水平不仅存在着明显的结构性变迁趋势，而且调整的速度和敏感性也会发生显著变化。分析考察这些变化的内在规律和趋势是及早发现各种失衡的关键。

宏观审慎政策必须关注结构性和动态性的另一个基本原因是，所有政策工具和措施只能在危机爆发之前发生作用，因为一旦危机已经发生，就意味着经济已经从过去那种高涨的状态转入一种新的自我调整的状态。调整意味着经济和金融体系内部结构的变化，而这种变化又是建立在真实的、已经发生的危机成本基础之上的。[①] 因此，一旦危机发生，其对经济的冲击以及由此产生的负面效应就已经真实地发生，仅通过危机后的补救措施很难起到系统性的理想效果。从历史案例来看，危机处置措施和干预政策向来都伴随着高昂的财政成本和时间成本（陈雨露、马勇，2011）。近代800年的金融危机史也表明，从危机后伤痕累累的经济中复苏注定是一个缓慢而步履蹒跚的过程。[②] 换言之，危机意味着已经发生的损失和成本，要降低这种损失和成

---

① 危机成本包括各种资本耗损、市场调整成本等。
② 在金融危机的事后处置方面，宏观审慎政策当局也许是"最后站着的人"，但不论如何，即便是最英明的决策家们，也无法凭空创造出经济增长。

本,所有工作只能在危机发生之前完成。

## (三)宏观审慎的根本目标与政策工具

宏观审慎当局应该对结构性的价格失衡问题(如重要领域的资产价格泡沫)做出必要反应的观点,并不意味着政策干预是为了实现和维持价格的绝对平稳。政策的目标不是试图消除经济波动,而是让经济体在市场机制的运转过程中保持足够的弹性,而一定程度上的价格波动不仅是市场机制发挥自动调节作用的基本前提,同时也是经济体具备弹性的外在表现。问题的核心不在于经济波动本身,而在于波动之后的结构性变化是不是正常的和可欲的。

此外,由于宏观审慎政策框架中包含了大量旨在纠正金融失衡和经济过度波动的内容,这可能导致一种极具误导性的思维,即宏观审慎的目标是要通过"严格管理",使经济以人们理想的那种平稳状态运行。但事实上,宏观审慎的根本目标并不是要改变基本的市场机制,去塑造一个僵化的、按照刻板模式运行的经济形态,恰恰相反,宏观审慎的根本目标是要通过保持经济和金融体系的弹性,使市场机制能够持续地发挥作用,从而促进资源的有效配置。在没有经济动态的地方,市场机制将不复存在。

宏观审慎的根本目标是要维护经济弹性和市场机制的观点意味着,企图用政策的复杂性去取代市场的复杂性是幼稚可笑的。在资源配置方面,市场机制本身所具有的那种动态调整机制包含了复杂的信息反馈和交互作用过程,是任何外部政策和管理方式都难以模拟和取代的。[①] 对于现实的政策实践而言,比较可行的做法是承认市场机制的复杂性,并在那些我们已经拥有确定知识的领域建立起简单、清晰的行为导向机制

---

① 应该指出,在市场机制的内在运行逻辑方面,仍然存在大量的未知领域。

第六章　宏观审慎政策的动态方法论反思

（激励的或约束的），一方面使市场机制正常、持续地发挥调节作用，另一方面对那些可能导致系统性风险的经济和金融失衡予以积极管理。

在稳定金融体系方面，宏观审慎问题的核心是防止系统性风险的长期过度积累，但系统性金融风险随时空动态变化的复杂性质决定了，可能并不存在一个确切的、单一的目标变量或者工具，因为后者的有效性高度依赖于系统性金融风险得以实现的环境、形式和系统内的反馈关系。每一次系统性金融风险都可能面临完全不同的初始条件，政策工具的有效性取决于与这些初始条件的契合程度，以及在何种程度上能够反映与这些初始条件相关联的动态反馈机制。比如，当面临导致银行资本大幅降低的系统性外部冲击时，可能需要降低最低资本充足率要求；而当面临对市场流动性造成损害的系统性冲击时，政策工具的选择还需要考虑流动性问题的具体形式。

需要特别指出的是，是否应该对某个变量做出必要的反应，与某个政策工具是否适合承担这项任务，是完全不同的两件事情。比如，作为中央银行的核心政策工具，利率政策在用于解决结构性问题时就将面临"两难"：针对局部领域的价格失衡（如房地产泡沫）——尤其是当早期的价格失衡仅仅发生在局部领域时——如果中央银行统一提高利率，那么，这会对没有发生明显失衡的经济领域造成打击；如果只是针对失衡的局部领域提高利率，那么，这又变相割裂了统一的利率体系，相当于人为制造了一种新的价格扭曲。因此，中央银行在应对局部领域的失衡问题时可能是乏力的，后者应该成为宏观审慎监管当局的主要任务。中央银行应该在对经济形势进行综合判断的基础上，尽力维持市场状态在总量上的基本平衡。事实上，货币传导机制的客观事实表明，总量平衡是结构平衡的必要条件，总量的失衡一定会导致结构的失衡。因此，作为宏观审慎政策框架的"总量支柱"，中央银行应该主要致力于避免和纠正可能和正在发生的总量失衡。致力于总量均衡的货币政策既是宏观审慎政策框架的基础性支柱,也是结构性宏观审慎监管政策得以有效发挥作用的基本前提。

## 三、宏观审慎政策调整与人的行为调整之间的动态关系

从政策制定的角度来看,宏观经济学在很大程度上研究的是关于"调整"的问题。通常情况下,经济动态引发政策调整,政策调整产生新的激励和约束条件,继而引发人的行为调整,而人的行为调整又最终对经济动态产生影响。因此,政策调整虽然是指向经济调整的,却必然经由人的行为调整这一过程。这意味着,任何政策目标的实现都必须首先明确其行为导向,人的行为调整是所有政策调整必须重视的最重要的微观基础。

### (一)理性、预期与偏好

在经济学文献中,关于"理性"的定义或许是被滥用得最严重的一个概念,这种滥用已经导致了不计其数的混淆与混乱。作为经济学基石的"理性",其基本内涵只有一个,即人们总是按照效用最大化原则行事。这种原则只能借由行为和目标之间的预期一致性来定义,而不能借由行为和目标之间的事实一致性来定义。[①] 除此以外,任何试图在此基本原则基础上赋予"理性"更多新内涵的做法,在其声称作为公理性概念之前,都必须接受充分的逻辑和现实检验。然而,大多数主流经济学文献都与此背道而驰。这些文献对"理性"概念的使用显示出越来越多的随意性,以至"理性"概念不再作为一个必要的约束条件来使用,反而成了摆脱这种约束的一个手段。在大部分情况

---

① 经济学研究中大部分关于"人的行为是否理性"的长期分歧,事实上都源于这一混淆所导致的毫无意义的争论。

## 第六章 宏观审慎政策的动态方法论反思

下,赋予"理性"概念各种五花八门的新内涵,只不过是为了僵化地适应建模需要罢了。

与理性概念的滥用相比,预期概念则是明显地被误用了。作为人的行为的一部分,预期驱动行为变化并且深刻影响经济过程,这一点毋庸置疑。但问题的关键在于,预期究竟应该以何种方式进入经济学的理论体系。[①] 在这一点上,主流经济学所倡导的那种"理性预期"(rational expectations)概念及其逻辑体系,以一种远离现实的方式将预期因素植入宏观方程,其结果是,这样的理论体系既无经验基础,也无逻辑基础,更不可能对成功政策的制定产生任何可见的助益。在后期关于行为金融学的理论中,一些文献又提出了所谓"非理性预期"(irrational expectations)的概念,但由于这一概念必须建立在"何为理性预期"的前置性概念界定的基础之上,因而同样涉及大量的价值判断,并由此产生了更大的逻辑上的混淆。

事实上,不论是"理性预期"理论,还是"非理性预期"理论,

---

① 凯恩斯(Keynes,1936)在其宏观经济学模型中并没有内生化预期因素,而是将其视为受"动物精神"驱使的一种外生因素。弗里德曼(Friedman,1968)和菲尔普斯(Phelps,1967)在此方面做了一些初步的尝试。卢卡斯(Lucas,1972)通过将穆思(Muth,1961)的理性预期假设引入宏观经济学模型,确实内生化了预期因素,但这种内生化的方式却走上了一条错误的道路。在各种版本的"理性预期"模型中,一个根本的假设是:行为人的预期不会形成系统性的偏误。在理性预期模型中,所有预期都好像遵循经济学家的"天才设计":预期是随机分布的,行为人知道什么是正确的宏观模型,能够阐明各种经济变化和状态的结果的可能性分布,其行为不会产生系统性偏差。因此,理性预期假设实际上人为创造了这样一个经验世界,在这个世界中,所有行为人都按照这些经济学家所给定的规则行事,而所有偏离规则的事件都不仅被认为是意外的,而且是暂时的。显然,这一假设不仅绕过了预期的形成过程这一关键问题,而且将行为人面对未来不确定性的决策视为一种机械的、同质的行为。此外,这样的一个假设实际上已经排除了不确定性的影响,而后者正是现实世界经济运行所面临的一个本质特征。如果没有不确定性,人们不仅不需要持有货币,而且也不需要进行市场交易。实际上,理性预期学派所声称的"货币中性"和"政策无效论",只不过是关于"确定性世界"这一错误假定的演绎推论罢了。理性预期学派的出现表明了保守主义思潮的进一步"复活",它强调市场的完备性和政策的极端无效性,实质上是强化了"弗里德曼主义"。

都走上了错误的方向。预期本身是一种行为,一种基于有限信息的、分散的个体反馈性行为。作为一种事前行为,预期的"理性"不能用事后发生的非预期事态或不合意的结果来定义。对于经济学研究而言,重要的不是经济主体预期的合理性问题,而是预期会发生变化这一事实。预期的改变影响风险偏好,风险偏好的改变引发行为调整,而行为调整又会最终对金融和实体经济的动态机制产生系统性影响。因此,对于经济学研究而言,真正应该重视的是关于"一致预期"形成和解体的动态转化过程。这一过程不仅与经济动态机制密切相关,并且不能经由经济中的其他变量得到可替代性的解释。但令人遗憾的是,迄今为止,这方面的研究依然基本处于空白状态。

## (二)政策改变与人的行为改变之间的动态关系

任何经济现象背后反映的都是人的行为。市场作为一个动态过程,其驱动力在根本上源自不同个体之间行为的相互作用。[①] 任何特定时点上的市场状态都是人的行为的一种结果,但这种特定的市场状态一经形成,随之又会成为人的后继行为的一种约束条件。因此,不断变化着的市场状态的基本推动力正是特定时间和特定条件下的人类行为。这一结论的引申含义是:所谓"市场失灵"问题的本质是:根据一定的价值判断标准,人的行为究竟是不是合意的。[②]

市场是面对未来的,而未来的本质是:任何确定性的机会都不可能存在,否则市场无法达成交易。[③] 这实际上揭示了不确定性与市场之间的本质问题,即不确定性是市场得以存在和延续的基本前提。而

---

① 因此,作为一种连续过程的市场,本质上反映的是人的行为之间的关系。
② 大部分人都将那种不合意的市场表现归结为"市场失灵",这本质上应视为一种价值判断,而非严格意义上的逻辑推断。
③ 比如,如果大家都确定未来价格是上涨的,那么所有人都不会卖出,市场将没有交易。

## 第六章 宏观审慎政策的动态方法论反思

人的行为正是在不确定性条件下进行选择，以达到在进行选择那一时刻他所认为能够实现的最大满足。因此，经典文献所定义的"非理性行为"在本质上是不存在的——那些所谓偏离"理论标准"的行为，只不过是因为当事人在做出选择时所采用的效用函数形式不同于标准经济学理论所"认定"的那种形式罢了。

探讨经济政策和市场运行之间的动态关系，其基本问题是研究政策对人的行为的影响。通常情况下，政策通过设置人类行为的环境和边界，构成了人类行为的约束条件。因此，新的政策规则的建立，或者对经济中明显的错误政策进行纠正，都必将引发处于政策规则约束下的人的行为的相应改变。一些对政策调整所引发的不确定性充满忧虑的学者担心，由于人的行为调整速度和灵活性远远超过"反应迟钝"的政策，因而不可避免的结局是：新的政策一旦制定，人的行为调整将很快超越政策束缚，从而导致政策无效，一切又回到"原点"。这种担心的"潜台词"是，政策调整将永远落后于现实的变化。

当然，如果仅仅将视野局限于某些政策变动所引发的难以预料的行为改变，上述担心可能会成为现实。但问题的关键在于，政策改变所引发的人的行为的调整，本来就是政策目标的一部分。正如经济史学家理查德·塞拉（Sylla Thaler，2015）所指出的，人们对政策变化所采取的适应性和选择性的调整行为贯穿于人类社会的整个历史当中。因此，政策调整不仅不应该对人的行为改变感到担忧，恰恰相反，政策调整的基本目标正是要以一种明确的意图来引导人的行为取向。如果将政策调整的视野仅仅局限于某个具体的经济结果，而不是将政策调整的依据建立在政策制定者所意欲改变的人类行为上，那么政策调整所面临的人类行为改变的反向作用风险就会加大。

因此，在理解政策改变与人的行为改变之间的动态关系方面，核心问题是要明确以下三个基本要点：第一，政策改变必将引发人的行为调整，关键是要明确政策调整所引发的行为改变是不是可欲的和可求的；第二，政策改变必须基于经济主体的行为调整，一种可置信的政策方案需要在政策目标和行为机制之间建立起清晰的关联，而不是忽略或者试图越过这种关联；第三，在政策改变与人的行为改变的反馈过程中，由于后者变动的频率和自由度要高于前者，因此，一种良好设定的政策方案应该事先预留一部分调整空间，以增加政策调整自身的弹性和灵活性。

## （三）稳定政策与不稳定的政策：需要稳定的究竟是什么？

如前所述，有效的政策必然是基于并且指向人的行为调整的，而引导人的行为调整的关键因素是预期。因此，政策的调整是否有助于经济和金融稳定，关键在于这种政策或者政策的调整是否有助于稳定市场预期。简言之，稳定的政策首先必须是稳定预期的政策。而那种流行的观点，即认为政策调整应该致力于直接调控市场价格或供求关系，不仅走上了错误的方向，而且极其危险和有害。

稳定政策的价值很容易从其反面——不稳定政策——所导致的诸多不利后果中得到体现。政策的变动不居和反复无常通常会导致政策当局的声誉损失，继而引发政策置信度的下降，这一点已经在经典教科书中得以反复阐明。然而，对于不稳定的政策如何经由金融机制发生作用这一问题，仍然被目前的研究所忽略了。频繁变动的政策常常令投资者无所适从，自然条件下的市场均衡规律被政策变动所引发的额外冲击扰乱，这种外生施加的不确定性使得很多长期投资计划因为无法得到合理的评估而不得不被搁置。

从金融角度来理解不稳定政策的经济后果，其核心是，政策的不稳定最终影响了风险贴现收益与资本投资在时间配置上的关系。这一问题的市场表现是，当政策的不稳定导致了市场预期的不稳定时，经风险调整的实际必要收益率将出现显著上升。市场利率的普遍高涨使得远期收益的贴现值急剧下降。由于长期投资变得不再具有吸引力，人的行为开始倾向于短期化。短期化行为降低了以实体产业为代表的长期资本投资的比例，同时提高了以金融和资产市场为代表的短期资本投资（投机）的比例，金融体系变得异常活跃，货币流通速度加快，信贷扩张和资产泡沫在所难免。[①] 从这个意义上看，不稳定的政策所引发的经济不稳定必然经历其内在的"金融路径"。

在实践中，经济学家对于稳定政策的建议可能涉及手段（工具）稳定、目标稳定和行为稳定等不同层次。在早期的货币政策实践中，弗里德曼规则实际上是一种典型的基于工具稳定的政策规则。但实践表明，工具稳定既不是实现经济稳定的必要条件，更不是充分条件。在经济持续变迁的过程中，经济结构可能已经发生了重大变化，此时固守不变的政策工具和反应规则反而成了一种僵化。相比之下，目标和行为的稳定则更具有基础性的含义。目标和行为的稳定要求政策当局以一种明确的方式确定其短期、中期和长期目标，并为实现这些目标而采取持续的、一贯的态度和立场。政策目标的不稳定——如通胀目标的改变，或者通胀目标制向产出目标制的转换——将导致市场预期和行为的系统性不稳定。而政策行为的不稳定，如"政治俘获"所导致的种种问题，也会带来额外的市场扰动。目标的不稳定一定会导致行为的不稳定，而行为的不稳定则会导致预期目标效果的偏离。从本质上看，标准经济学理论所反复强调的政策透明度和独立性要求，实际上都只是旨在确保政策目标和行为

---

① 关于金融扩张对实体经济的"挤出"效应及其基本机制，陈雨露和马勇（2012a）的文章给出了一个简明的模型框架。

稳定的一种派生性要求罢了。

## 四、宏观审慎政策的动态方法论基础

在前文中，我们从核心经济变量（价格、利率）到市场机制，再到政策与行为的关系，为宏观审慎所必须关注的一些基本动态关系进行了一种渐进展开的刻画。这种刻画旨在为宏观审慎的动态方法论提供必要的经验与逻辑基础。在本节，我们主要致力于宏观审慎动态方法论本身的构建。这一构建首先是建立在对主流经济学方法论中的三大关键认识误区进行反思的基础之上的。这三大误区与主流宏观经济学的方法论是如此地紧密相连，以至于只有在对这它们进行彻底反思和澄清的基础上，一种新的、更具解释力的宏观审慎动态方法论才会出现。

### （一）误区之一：对市场结构的忽略

主流的宏观经济学理论一直致力于构造各种总量概念和分析加总变量之间的关系，但对于总量概念背后的深层结构性关系，却很少深入讨论。这一点多少有点令人困惑，因为任何形式的总量关系都只有在已经假定了某种特定结构的条件下才会成立。虽然对于总量之间的关联统计研究有时候确实能揭示出某些模糊的概率，但这种研究却肯定不能解释形成这种关联的过程，因为在总量数值的背后，存在着个别行为复杂的、非静态的宏观结构，只有当这些宏观结构在进行研究的期间内不发生变化，总量间的关系才能是稳定的（哈耶克，1976）。

一直以来，宏观经济学面临的最基本的困境是无法确切描述由大量分散个体的交互作用和反馈机制所构成的经济运行的实际路径。换言之，从微观基础到宏观表现之间的逻辑联结是缺失的。现有的基准均衡框架通常是建立在代理人模型的基础之上的，这些模型通过假定经济中存在代表性的个人和企业①，忽视了具有不同偏好、预期和行为的个人和企业的动态作用机理，以及由此产生的经济结构的持续转化过程②。从方法论上看，这些模型事实上假设了个体行为背后的某种深层结构，但如果微观主体之间的关系性质发生变化，而模型结构依然保持不变，那么基于模型的预测就将被证明是不可靠的。

事实上，只要我们谈及整体状态的转换，就必须纳入结构因素，否则整体状态的变化不仅是跳跃的和不连续的，甚至是不可观察的。对此，斯蒂格利茨（2006）也认为："如果经济结构不发生改变，则稳定化会变成一种标准的控制问题，但经济结构恰恰是变动的，经济学家必须评估这些变化的影响。"③对于经济学而言，宏观经济状态之间的转换不仅内含着经济结构的变化，而且这种结构变化动态地彰显了整体经济运行的路径、方向和特点。换言之，经济总体通过经济结构显示自身，结构的持续变化推动总体的渐进变化，前者比后者提供了更多的关于经济动态的确切信息。

从更一般的意义上看，实际经济的均衡过程不应仅仅被视为一种收敛，而应被视为一个不同状态之间的转换体系。④这样的一个转换体系包含着不同市场力量之间的综合作用方式及其路径演变规律，而

---

① 这实际上隐含了同质性假定，即：代理人或消费者与经济中的每个人都是同质的，如果代理人对商品 A 的偏好胜过商品 B，则经济中的每个人都偏好商品 A 胜过商品 B（斯蒂格利茨，2006）。

② 新近的一些研究试图纳入各种异质性的家庭或者企业来改进代理人模型框架所存在的问题，但从处理方法上看，这些研究仍然未能触及"从分散个体行为之间的交互作用到宏观经济表现"这一动态过程的转化本身。

③ 皮亚杰（1968）将社会科学研究中的结构视为一个转换体系，它含有作为整体的这个体系自己的规律和一些保证体系自身调节的规律。

④ 如果均衡过程确实是指向收敛的，那么，我们在现实的经济世界中不可能观察到如此多的所谓"过度调整"的现象，比如，信贷和价格要么持续大幅地上涨，要么自由落体式地跌落。

我们通常观察到的经济周期现象——无论是缓慢的、平稳的周期更迭，还是迅速的、急剧的周期转换——则体现了这个转换体系的外在状态及运行方向。宏观经济学的主要任务，就是要到一个深层结构里去找出对这个转换体系的解释，并通过经济学模型来重建这个深层结构，从而使人们能够对这个转换体系做出某种演绎性的，并且与经济事实相符的理论解释。这样的理论解释一方面描绘了关于经济状态转换规律的整体蓝图，另一方面刻画出了经济状态在不同条件下做出反应的实际路径。

## （二）误区之二：对市场过程的忽略

经济学理论的终极或主要任务并不是描述均衡状态，而是理解市场过程（米塞斯，1949）。然而，占据新古典体系主流的瓦尔拉斯研究取向，其核心是解释在一个知识已经凝固、时间已经停滞的背景中，价格体系和资源在市场竞争中的配置。在这样的分析范式下，如果允许考虑时间因素，则知识的变化将被视为外生冲击源，但经济的实际过程却是新知识和新产品的生成，它不是对于某些均衡逻辑的外生冲击，而是某种稀缺诱导的、在时间中展开的竞争活动的自然特征。真正应该关注的是实际的价格是如何形成的，而不是揭示假设的均衡价格的逻辑（门格尔，1882）。

事实上，大量新古典主义经济学都是在模仿物理学的研究。在物理学中，方程式的参数在原则上可以简约为少量的自然常数——这种简约已经在很多情况下取得了成功，但在经济学中并不如此；在经济学中，参数本身是在非常重要的情况下迅速变化的变量，这显然降低了重要性、可解释性和量度的可检验性（波普尔，1957）。在一般均衡理论中，市场主体并不是在进行真正的选择，而是按照函数设定的固定程式机械地运作，而预期也是在独立于市场主体的背景、知识和经验之外形成的。然而，经济学所要解释的主要问题恰恰在于，具有不同预期和知识（信息）的主体如何才能协调他们的行动，以实现认识从主体所掌握的个人化的知识到市场协调这样的过程。动态性尤其是随时间变化的动态性是经济事实的核心特征之一，这一点与物理学的研究对象性质存在本质差别。在物理学中，由于变量之间的关系是基本稳定的，因而可以通过实验获得常系数的数量关系式，但在经济学中，迄今为止，任何寻找稳定数量关系的努力都失败了。[①]

在主流经济学的框架内，那些将变量、条件和模型设定为不变或者外生的模型通常被称为静态模型，而那些将函数中的参数处理成可变动的，或者在函数结构中包含了某种变动的模型，则被称为动态模型。但这些所谓的"动态模型"事实上并没有真正捕捉到市场的动态机制，而仅仅是提供了一个假想的关于均衡路径变化的理论描述（假说）。在大部分经典经济学模型中，预期都被视为给定条件和概率下的行为，而任何未曾预料到的变动均被视为偏离均衡路径的异常行为，其结果是，这些模型不仅未能真正实现对市场过程和不确定性问题的处理，同时也未能对市场过程中至关重要的各种结构性问题予以适当考虑。

总体来看，现有的经济学理论主要考虑的是静态的空间维度的结构，如不同主体之间或者不同要素之间的关系，但对于动态的时间维度上的结构却很少充分地予以考虑。然而，市场过程恰恰是一个在时间过程中展开发现的过程，均衡就是行动间的关系，而一个人的行动必定是在前后相继的时间中发生的（哈耶克，1976）。因此，时间维度上的结构性关系至关重要。当然，分析随时间变化的空间结构关系

---

[①] 卢森堡（Rosenberg）于1992年指出，经济学没有表现为自然科学的特征的那种经验上的进步，最重要的是，随着时间的推移，经济学家的经验预测依然没有表现出系统的提高（汉兹，2001）。

面临一系列困难，包括：人能在改变世界的同时改变自己，并在建立自身的结构时使自己成为结构；结构自身的调整不是出于严密的运算，而是由于倒摄作用（retroactions）和近似于反馈式预测所进行的调节；在经济结构和主体感情与认知调整作用之间，有比从前远为紧密的联结（皮亚杰，1968）；等等。

### （三）误区之三：并不存在的"理想型"

关于"理想型"在社会科学研究中的应用，韦伯（1904）给出了一个初步的解释："理想类型将训练研究中的归源判断，它不是假设，但它将指出假设的方向；它不是现实的一种描述，但它将给描述提供明确的表达手段。"从这个解释可以看出，"理想型"的构造尽管是高度抽象和简化的，但却并不是随意的，它必须与现实相关联，而且这种关联必须有助于我们更好地描述现实世界。在这里，与现实的关联性和逻辑路径构成了我们称之为"理论"的目标和结构。

在经济学研究中，一个长期存在的误区是：将远离实际的"理想型"作为一个可资借鉴的理论参照系，并将其作为模型构建的基础。对于很多经济学模型而言，模型构造所依赖的前提条件（如无摩擦、信息完全、理性预期等）在现实经济中是根本不存在的，因为这些条件的无法满足恰恰是市场存在的原因。在这一点上，经济学与物理学的研究存在着本质区别。在物理学中，关于"摩擦"的设定仅仅是作为基本规律的一种约束条件存在，而在经济学中，这些因素却构成了规律本身，而不仅仅是规律的限制条件。[①] 因此，理想型的设定不能是建立在纯愿景基础上的，它应该至少可以还原为一定条件下的真实情况，否则理论与对象之间将彻底失去关联。对此，罗宾斯

---

① 在物理学中，类似于"无摩擦"的设定是可以通过实验近似模拟的，但经济学却难以向我们提供此方面的经验或试验。

（1935）亦曾指出："经济学作为科学法则的一个特征是，它与现实（即存在的事物或可能存在的事物）相关联，而不是与纯粹的形式关系相关联，无论它表现为假设的形式还是表现为范畴的形式，都不同于纯逻辑和数学的命题。"

然而，现代主流经济学所做的大量工作都可以由以下事实加以描述，即经济学家们先是用他们"发明"的行动模式代替了真实的人类行为，接着用幻想的前提条件代替了实际的约束条件，最后用一种人为设计的逻辑结构取代了真实的社会经济过程。其结果是，一种缺乏逻辑和现实基础的幻想图景成为经济学所要解释和追求的"理想类型"，而这样的图景几乎与真实世界的现象毫无关联。那些声称追求经济学"科学化"的经济学家们，其行为在本质上更像是艺术家，因为只有艺术家才会如此毫无约束地运用最天真和浪漫的想象而不必考虑真实世界的种种约束。对此，亨德勒（Handler）评论道："很多经济理论都只是纯理论……只是一幅实际上并不存在的可能世界的图画。"① 奥巴马政府首席经济顾问拉里·萨默斯（Larry Summers）在评价新古典经济学时也不无尖锐地指出："秉持新古典经济学方法论的理论家们为了适合模型的需要，不得不进行如此多且如此粗糙的抽象与简化，以至于结果与现实之间几乎毫无关联。"

## （四）究竟什么是合适的理论抽象？

世界的状态，甚至世界很小一部分的状态都是极其复杂的，都依赖于大量的要素（彭加勒，1913），因此，任何理论工作都涉及简化和抽象，以从复杂的事实和现象中分离出最核心的要素，并在此基础上完成理论建构。然而，不论是核心要素的选择，还是逻辑结构的建立，都高度依赖于所要研究的具体对象。一种适当的理论模型，并不

---

① 转引自汉兹.开放的经济学方法论.武汉：武汉大学出版社，2009.

是要竭尽全力描述对象的全部事实,而是根据所要解决的问题,在可观察和欲说明的现象和事实之间建立起清晰的关联。

从一般意义上的逻辑构造来看,按照彭加勒式的关联图景模式,理论世界和现实世界之间的逻辑关系可表示如下:考虑两个世界——$W$(现实世界)和 $W'$(理论世界),如果我们能够在这两个世界中发生的或可能发生的现象之间建立这样一种对应关系,使得第一个世界的每一个现象 $\varphi$ 都对应于另一个世界完全确定的现象 $\varphi'$ 也可以说是 $\varphi$ 的映像,同时我们假定,在遵循支配世界 $W$ 的规律 $F$ 的作用下,现象 $\varphi$ 的必然结果是某个现象 $\varphi 1$,并且,作为 $\varphi$ 的映像的现象 $\varphi'$ 的必然结果,在遵循支配世界 $W'$ 的规律 $F'$ 的作用下恰恰是现象 $\varphi 1$ 的映像 $\varphi 1'$,那么,我们就可以说,这两个世界服从同一规律。这一定义有两个核心要点:一是作为结果的现象必须恰好是理论模型所预言的现象,即 $\varphi 1$ 和 $\varphi 1'$ 具有对应性;二是可行的理论模型并不是唯一的,内在的逻辑构造存在多种可能的实现路径,即函数 $F'$ 的具体形式具有多样性。[①] 当然,这样的逻辑构造暗含了如下的实证主义假定,即:因果性是通过状态的相同性而加以规定的,而状态的相同性又是通过结果的相同性加以规定的。

如果说在上述一般意义上的逻辑构造方面,自然科学和社会科学具有类似结构的话,那么,二者的差异则主要来自支配规律 $F$ 的不同特征。[②] 正是基于不同的规律特征,人们用以构造模型函数 $F'$ 所依赖的经验基础也是不同的。对于经济学所研究的对象特征而言,空间、时间和认识是合理的理论抽象所必须考虑的三大基本因素,而正是对这三大基本因素的忽略,对应地导致了如前所述的主流宏观经济学方

---

① 根据彭加勒和杜恒的观点,"可以满足一个给定的事实复合体的内在无矛盾的假说系统不止一个"(哈勒,1993)。通常情况下,根据科学理论的经济性原则,在多个可选的理论中,一般选择最为简洁的理论模型。

② 韦伯一直坚持认为,社会科学在方法论上独立于自然科学,强调的是手段和目的作为人的活动的基本范畴的极端重要性。

法论的三大认识误区。① 对于宏观经济学而言，建立在复杂信息网络基础之上的市场主体之间的持续反馈行为构成了经济运行的基本动态机制，经济学只有在对时间、空间和认识的动态性因素进行深入分析的基础上，才能真正构造出具有更强解释力和适用性的经济学理论。

理论构造是事实之间联系的一种逻辑图示。一种理论的有效性取决于该理论是否得自根据它的一般假设所作的符合逻辑的推论（罗宾斯，1935）。但由于每个逻辑命题都是它自身的证明，是一个重言式（维特根斯坦，1921），因此，假设在逻辑中的作用至关重要，一个假的假设经由重言式过程必定产生假的推论。这意味着，对于经济学中的演绎建模而言，假设与现实的符合程度将最终决定经济学命题在经验运用上的可行性。科学理论是符合经验事实的假设与符合逻辑规则的理论建构的结合，那种试图通过数学模型对纯逻辑问题进行无休止的形式化，但却极少考虑现实经济的行为和努力，注定无法在经济学理论科学化的道路上走得更远，因为按照经济学科学化的目标，对实际的经济行为提出可证伪的定理一直是经济学的基本任务。②

---

① 其中，对市场结构的忽略（误区之一）对应于空间因素方面的理论不足，对市场过程的忽略（误区之二）对应于时间因素方面的理论不足，而并不存在的"理想型"（误区之三）则对应于认识因素在如何处理知识与世界关系方面的理论不足。

② 长期以来，主流的经济理论遵循经典的力学范式，认为经济和金融系统本身是运行于线性稳定区内的。在这样的理论世界里，只要给定初始条件，过程就会机械地自动重复，过去与未来没有差别，经济体系的运行在时间上是可逆的，因果关系也是唯一确定的。然而，数学在物理学应用方面的成功，是因为物理学所研究的对象具有均匀性、远离部分的相对独立性、基本事实的简单性等特征（彭加勒，1913），但在经济学中，这样的基础和前提显然是不存在的。经济学的所有事实都与人的思想和行为有关，任何事件都必须与人发生关系才能构成经济事件。社会活动是十分复杂的，经济的原因从不隔离或单独地起作用，也不具有加和性。同一个事件对不同的人可能产生完全不同的影响，这种基于不同个体的异质性构成了经济事件的一个突出特征，而且事件在不同的人之间的作用路径以及作为总体的结果也具有相当大程度的不确定性。因此，与数学、物理学以精确为特征不同，经济学研究对象的性质决定了经济学无法做到精确，因而将经济学诉诸数学的做法解决不了本质的问题。

## (五)宏观审慎的动态方法论基础：概要性小结

一种科学的经济学方法论必须具备以下三大基础：一是经验基础，即这种方法论必须建立在客观现实的经验基础之上；二是行为基础，即这种方法论必须立足于微观经济主体的行为逻辑与规律；三是实践基础，即这种方法论必须在理论与现实之间建立起有效联结。

从经验基础来看，经济系统在本质上是一个涉及时间、空间和认知过程的动态信息网络，宏观审慎动态方法论的目标是要基于经济运行的动态特征和规律，在一幅更加完整的经济图景中去看待宏观审慎与经济动态之间的逻辑关系，并在此基础上建立起更具现实解释力的宏观理论框架，借以提高政策实践的科学性和有效性。宏观经济运行的动态性特征决定了，宏观审慎动态方法论的本质只能通过经济系统的动态变化而被理解。

从行为基础来看，经济过程首先是一种社会过程，其本质是拥有不同知识的人如何在一定的规则下协调他们的行为，这一过程充满了观察者与被观察者之间、主体和客体之间充分而复杂的相互作用，而作为规则出现的宏观经济政策也必然会经由人的行为调整而产生作用。因此，政策调整和人的行为调整之间的动态关系应该作为宏观审慎动态方法论最重要的微观基础而被确立，任何经济政策的制定都必须首先明确其行为导向。

从实践基础来看，由于内在的结构性变化总是先于经济状态的整体变迁发生，因此，必须重点关注信贷扩张、杠杆水平、资产价格、风险溢价、流动性偏好等具有丰富结构性信息内涵的各种前瞻性指标，而不是紧盯着GDP、CPI、PPI等滞后性的加总经济变量。[①] 对于

---

[①] GDP、CPI和PPI等总量指标衡量的是一种经济结果，因而更适用于评价政策效果，而不宜作为政策制定的前瞻性变量。

宏观审慎实践而言，围绕价格动态和经济动态，寻找合适的、可用于指导实践的各种指标和决策信息集，是宏观审慎政策当局必须深入思考和长期探索的一个核心问题。

事物的不变本质只能通过它的变化而被理解（波普尔，1957）。任何社会经济过程都是一个不可分割的整体，它必定内含地包括着时间与空间的互动、个人与群体的互动、想象与现实的互动，正是从这些持续互动中所产生的时间与空间的错配、个人与群体的反差、预期与结果的不一致，构成了从矛盾属性到过程演化的基本动态机制（马勇，2011）。宏观审慎的动态方法论必须在真实的经济运动过程中去构筑其理论基础。

# 参考文献

[1] 陈雨露, 马勇. 金融危机应对政策的有效性: 基于40起事件的实证研究. 财贸经济, 2011 (1): 41-48.

[2] 陈雨露, 马勇. 泡沫、实体经济与金融危机: 一个周期分析框架. 金融监管研究, 2012 (1): 1-19.

[3] 陈雨露, 马勇. 宏观审慎监管: 目标、工具与相关制度安排. 经济理论与经济管理, 2012 (3): 5-15.

[4] 陈雨露, 马勇. 大金融论纲. 北京: 中国人民大学出版社, 2013.

[5] 陈雨露, 宋科, 李濛. 多维视角下的金融危机: 跨国实证. 国际金融研究, 2010 (9): 47-54.

[6] 陈雨露, 马勇. 中国金融业混业经营中的开放保护与国家控制. 财贸经济, 2008 (3): 5-10, 127.

[7] 马勇. 系统性金融风险: 一个经典注释. 金融评论, 2011 (4): 1-17.

[8] 马勇. 宏观经济理论中的金融因素: 若干认识误区. 金融评论, 2012 (3): 1-13.

[9] 马勇. 植入金融因素的DSGE模型与宏观审慎货币政策规则. 世界经济, 2013 (7): 68-92.

[10] 马勇. 金融稳定与宏观审慎: 理论框架及在中国的应用. 北京: 中国金融出版社, 2016.

[11] 马勇. DSGE宏观金融建模及政策模拟分析. 北京: 中国金融出版社, 2017.

[12] 马勇. "双支柱"调控框架的理论与经验基础. 金融研究, 2019 (12):

18-37.

[13] 马勇.理解现代金融监管：理论、框架与政策实践.北京：中国人民大学出版社，2020.

[14] 马勇，陈雨露.宏观审慎政策的协调与搭配：基于中国的模拟分析.金融研究，2013（8）：57-69.

[15] 马勇，杨栋，陈雨露.信贷扩张、监管错配与金融危机：跨国实证.经济研究，2009（12）：93-105.

[16] 马勇，张靖岚，陈雨露.金融周期与货币政策.金融研究，2017（3）：33-53.

[17] 卡尔·波普尔.历史决定论的贫困.上海：上海人民出版社，2009.

[18] 鲁道夫·哈勒.新实证主义.北京：商务印书馆，1998.

[19] 弗里德里希·A.哈耶克.科学的反革命.南京：译林出版社，2012.

[20] 弗里德里希·冯·哈耶克.货币的非国家化.北京：新星出版社，2007.

[21] D.韦德·汉兹.开放的经济学方法论.武汉：武汉大学出版社，2009.

[22] 约翰·梅纳德·凯恩斯.就业、利息和货币通论.北京：商务印书馆，1999.

[23] 莱昂内尔·罗宾斯.经济科学的性质和意义.北京：商务印书馆，2005.

[24] 卡尔·门格尔.经济学方法论探究.北京：新星出版社，2007.

[25] 路德维希·冯·米塞斯.人类行为的经济学分析.广州：广东经济出版社，2010.

[26] 牛顿.自然哲学之数学原理.北京：北京大学出版社，2006.

[27] 昂利·彭加勒.科学与假设.北京：商务印书馆，2006.

[28] 彭加勒.最后的沉思.北京：商务印书馆，2010.

[29] 皮亚杰.结构主义.北京：商务印书馆，2010.

[30] 约瑟夫·斯蒂格利茨，等.稳定与增长.北京：中信出版社，2008.

[31] 马克斯·韦伯.社会科学方法论.北京：华夏出版社，1999.

[32] 亚洲开发银行.金融危机早期预警系统及其在东亚地区的运用.北京：中国金融出版社，2006.

[33] 庄巨忠.东亚货币危机和银行危机早期预警系统非参数模型.见：亚洲开发银行.金融危机早期预警系统及其在东亚地区的运用.北京：中国金融出版社，2006.

[34] Younghoon Koo，等.东亚的货币危机早期预警系统参数型模型.见：

亚洲开发银行. 金融危机早期预警系统及其在东亚地区的运用. 北京：中国金融出版社，2006.

[35] 哈耶克. 货币的非国家化. 北京：新星出版社，2007.

[36] 维特根斯坦. 逻辑哲学论. 北京：商务印书馆，2010.

[37] Acharya, V. V., R. Engle, and M. Richardson, 2012, Capital shortfall: a new approach to ranking and regulating systemic risks, American Economic Review, 102, 59-64.

[38] Acharya, V., Pedersen, L., Philippon, T., and Richardson, M., 2017, Measuring Systemic Risk, *Review of Financial Studies*, 30(1): 2-47.

[39] Adrian, T. and Brunnermeier, M. K., 2011, CoVaR, NBER Working Paper, No. 17454.

[40] Agnello, L. and Schuknecht L., 2009, Booms and Busts in Housing Markets: Determinants and Implications, ECB Working Paper Series No. 1071.

[41] Alessi, L. and Carsten D., 2009, Real Time Early Warning Indicators for Costly Asset Price Boom/Bust Cycles: A Role for Global Liquidity, ECB Working Paper Series No. 1039.

[42] Allen, F., and D. Gale, 2004, Competition and Financial Stability, *Journal of Money, Credit and Banking*, 36(3): 433-480.

[43] Bank of England, 2009, The Role of Macroprudential Policy, Discussion Paper.

[44] BCBS (Basel Committee on Banking Supervision), 2010, Basel Ⅲ: A Global Regulatory Framework for More Resilient Banks and Banking Systems, available at http://www.bis.org/publ/bcbs189.pdf.

[45] BCBS (Basel Committee on Banking Supervision), 2010, An Assessment of the Long-term Economic Impact of Stronger Capital and Liquidity Requirements, available at https://www.bis.org/pubL/bcbs173.pdf

[46] Bengui, J. and Bianchi, J., 2014, Capital Flow Management when Capital Controls Leak, IMF ARC Conference, November 14.

[47] BIS (Bank for International Settlement), 2014, 84th BIS Annual Report.

[48] BIS (Bank for International Settlement), 2010, Macroprudential Instruments and Frameworks: Stocktaking of Issues and Experience, BIS CGFS Paper, May.

[49] Bongini, P., L. Laeven and G. Majnoni, 2002, How Good Is the Market at Assessing Bank Fragility? A Horse Race between Different Indicators, *Journal of Banking and Finance*, 5: 1011-1128.

[50] Borio, C., 2013, The Great Financial Crisis: Setting Priorities for New Statistics, *Journal of Bank Regulation*, 14(3-4): 306-317.

[51] Borio, C., 2003, Towards a Macroprudential Framework for Financial Supervision and Regulation? BIS Working Paper, No.128.

[52] Borio, C. and Drehmann, M., 2009, Towards an Operational Framework for Financial Stability: "Fuzzy" Measurement and its Consequences, BIS Woking Papers, No.284.

[53] Borio, C., Drehmann, and Tsatsaronis, K., 2014, Stress-testing Macro Stress Testing: Does It Live Up to Expectations? *Journal of Financial Stability*, 12: 3-15.

[54] Borio, C., 2014, The Financial Cycle and Macroeconomics: What Have We Learnt? *Journal of Banking and Finance*, 45: 182-198.

[55] Boss, M., G. Krenn, C. Puhr and M. Summer, 2007, Systemic Risk Monitor: A Model for Systemic Risk Analysis and Stress Testing of Banking Systems, OENB Financial Stability Report.

[56] Brunnermeier, M., A. Crockett, C. Goodhart, A. Persaud, and H. Shin, 2009, The Fundamental Principles of Financial Regulations, Geneva Reports on the World Economy.

[57] Caruana, J., 2010, Macroprudential Policy: What We Have Learned and Where We Are Going, Keynote speech at the Second Financial Stability Conference of the International Journal of Central Banking, Bank of Spain, Madrid, 17 June, BIS Speeches.

[58] Cerutti, E., Claessens, S. and Laeven. L., 2017, The Use and Effectiveness of Macroprudential Policies: New Evidence, *Journal of Financial Stability*, 28: 203-224.

[59] Cerutti, E., S. Claessens, and Ratnovski, L., 2017, Global Liquidity and Drivers of Cross-Border Bank Flows, *Economic Policy*, 32(89): 81-125.

[60] CGFS (Committee on the Global Financial System), 2012, Operationalising the Selection and Application of Macroprudential Instruments, CGFS Papers, Bank

for International Settlements, No. 48, June.

[61] Christiano, L., C. Ilut, R. Motto, and M. Rostagno, 2008, Monetary Policy and Stock Market Boom-Bust Cycles, ECB Working Paper, No. 955.

[62] Claessens, S., A. Kose, Terrones, M., 2012, How Do Business and Financial Cycles Interact? *Journal of International Economics*, 87(1): 178-190.

[63] Collin, M., M. Druant, and Ferrari, S., 2014, Macroprudential Policy in the Banking Sector: Framework and Instruments, *Financial Stability Review*, 12(1): 85-97.

[64] Demirgüç-Kunt, A. and E. Detragiache, 1998, The Determinants of Banking Crises in Developing and Developed Countries, IMF Staff Papers, No. 45.

[65] Drehmann, M., C. Borio, Tsatsaronis, K., 2012, Characterising the Financial Cycle: Don't Lose Sight of the Medium Term, BIS Working Papers, No. 380.

[66] Drehmann, M. and Juselius, J., 2013, Evaluating Early Warning Indicators of Banking Crises: Satisfying Policy Requirements, *International Journal of Forecasting*, 30(3): 759-780.

[67] Duffle D., 1999, Credit Swap Voluation, *Financial Analysis Journal*, January-February: 73-87.

[68] Engle R., 2002, Dynamic Conditional Correlation: A Simple Class of Multivariate GARCH Models. *Journal of business and Economic Statistic*, July: 339-350.

[69] Frankel, J. A. and A. K. Rose, 1996, Currency Crashes in Emerging Markets: An Empirical Treatment, *Journal of International Economics*, 41: 35-66.

[70] Friedman, M., 1968, The Role of Monetary Policy, *American Economic Review*, 58(1): 1-17.

[71] Furman, J. and J. Stiglitz, 1998, Economic Crises: Evidence and Insights from East Asia, Brookings Papers on Economic Activity, 2(1): 1-135.

[72] Gerdesmeier, D., H. Reimers and B. Roffia, 2009, Asset Price Misalignments and the Role of Money and Credit, ECB Working Paper Series No. 1068.

[73] Goodhart, C., 2007, Traverse from the Micro to the Macro Stress Testing, Conference Report on Stress-testing and Financial Crisis Simulation Exercises, Lonson School of Economics.

[74] Huang, X., H. Zhou, and H. Zhu, 2009, A Framework for Assessing the Systemic Risk of Financial Institutions, BIS Working Papers, No. 281.

[75] IMF (International Monetary Fund), 2009, Lessons for Monetary Policy from Asset Price Fluctuations, *World Economic Outlook* (Chapter 3), October.

[76] IMF (International Monetary Fund), 2012, The Interaction of Monetary and Macroprudential Policies-Background Paper, IMF Policy Paper.

[77] IMF/BIS/FSB, 2009, Guidance to Assess the Systemic Importance of Financial Institutions, Markets and Instruments: Initial Considerations, Background Paper, Report to the G20 Finance Ministers and Central Bank Governors.

[78] Jones, M., P. Hilbers and Stack, G., 2004, Stress Testing Financial Systems: What to Do When the Governor Calls, IMF Working Paper, No. 46.

[79] Kaminsky, G. L., Lizondo, S. and C. M. Reinhart, 1998, Leading Indicators of Currency Crises, IMF Staff Paper, No.1.

[80] Kaminsky, G.L. and C.M. Reinhart, 1999, Bank Lending and Contagion: Evidence from the Asian Crisis, mimeo, University of Maryland, September.

[81] Lucas, J., 1972, Expectations and the Neutrality of Money, *Journal of Economic Theory*, 4(2): 103-124.

[82] Mishkin, F. S., 2009, Is Monetary Policy Effective during Financial Crisis? *American Economic Review*, 99(2): 573-577.

[83] Muth, J., 1961, Rational Expectations and the Theory of Price Movements, *Econometrica*, 29(3), 315-335.

[84] Noyer, C., 2014, Macroprudential Policy: From Theory to Implementation, *Financial Stability Review*, 18: 7-12.

[85] Phelps, E., 1967, Phillips Curves, Expectations of Inflation and Optimal Unemployment Over Time, *Economica*, 34 (135): 254-281.

[86] Reinhart, C. and Rogoff K., 2011, From Financial Crash to Debt Crisis, *American Economic Review*, 101(5): 1676-1706.

[87] Sachs, J., A. Tornell and A. Velasco, 1996, Financial Crises in Emerging Markets: The Lessons from 1995, NBER Working Paper, No. 5576.

[88] Shin, H., 2015, Macroprudential Tools, Their Limits and Their Connection with Monetary Policy, Panel Remarks at IMF Spring Meeting Event: "Rethinking Macro Policy Ⅲ: Progress or Confusion?" 15 April, Washington, DC.

[89] Sorge, M., 2004, Stress-testing Financial Systems: An Overview of Current Methodologies, BIS Working Papers, No. 165.

[90] Thaler, R. H., 2015, Misbehaving: The Making of Behavioral *Economics*, W. W. Norton & Company.

[91] Tissot, B, T Hülagü, P Nymand-Andersen and L Comino Suarez ,2015,Central banks' use of and interest in 'big data'", Irving Fisher Committee on Central Bank Statistics, August.

[92] Wilson, T., 1997, Portfolio Credit Risk, *Risk Magazine*, 10: 111-117.

图书在版编目（CIP）数据

现代宏观审慎政策框架建设 / 马勇著. -- 北京：中国人民大学出版社，2023.5
（中国现代财税金融体制建设丛书）
ISBN 978-7-300-31596-6

Ⅰ.①现… Ⅱ.①马… Ⅲ.①金融管理－研究－中国 Ⅳ.①F832.1

中国国家版本馆CIP数据核字（2023）第082841号

中国现代财税金融体制建设丛书
**现代宏观审慎政策框架建设**
马勇 著
Xiandai Hongguan Shenshen Zhengce Kuangjia Jianshe

| | | | | |
|---|---|---|---|---|
| 出版发行 | 中国人民大学出版社 | | | |
| 社　　址 | 北京中关村大街31号 | 邮政编码 | 100080 | |
| 电　　话 | 010-62511242（总编室） | 010-62511770（质管部） | | |
| | 010-82501766（邮购部） | 010-62514148（门市部） | | |
| | 010-62515195（发行公司） | 010-62515275（盗版举报） | | |
| 网　　址 | http://www.crup.com.cn | | | |
| 经　　销 | 新华书店 | | | |
| 印　　刷 | 涿州市星河印刷有限公司 | | | |
| 开　　本 | 720 mm × 1000 mm　1/16 | 版　次 | 2023年5月第1版 | |
| 印　　张 | 14.25　插页1 | 印　次 | 2023年5月第1次印刷 | |
| 字　　数 | 176 000 | 定　价 | 68.00元 | |

版权所有　　侵权必究　　印装差错　　负责调换